学术写作与表达 理工类

刘 爽 主 编
刘晓东 副主编
刘富才 陶斯禄 苗 芳 编 著
王 艳 王东升 李世彬

清华大学出版社
北京

内 容 简 介

本书面向有科研需求或者刚进入科研领域的科技工作者,主要介绍中英文科技文献检索工具,科技论文的构成、阅读方法、写作思路、投稿流程,专利文件的构成和撰写规范,PPT制作与学术演讲的要求和技巧。

本书采用理论讲解与案例示范相结合的方式,帮助读者快速掌握科学研究所需的基础知识和方法,提升专业写作与表达能力。

本书力求结构、组织、形式等清晰、简洁并手册化,适合作为通识课教材或自学用书,帮助科研零基础或者有一定科研基础的本科生、研究生、青年研究人员以及对专业写作与表达能力关注的相关人员等,快速进入科研领域,从事科学研究,并以科技论文或专利的形式发表科研成果,以学术报告的形式与同行交流。

本书封面贴有清华大学出版社防伪标签,无标签者不得销售。
版权所有,侵权必究。举报: 010-62782989, beiqinquan@tup.tsinghua.edu.cn。

图书在版编目(CIP)数据

学术写作与表达. 理工类/刘爽主编. —北京: 清华大学出版社,2022.9
ISBN 978-7-302-61036-6

Ⅰ.①学… Ⅱ.①刘… Ⅲ.①理科(教育)-学术交流 Ⅳ.①G321.5

中国版本图书馆 CIP 数据核字(2022)第 098425 号

责任编辑:文　怡
封面设计:王昭红
责任校对:韩天竹
责任印制:宋　林

出版发行:清华大学出版社
　　　　　网　　址: http://www.tup.com.cn, http://www.wqbook.com
　　　　　地　　址: 北京清华大学学研大厦 A 座　　邮　编: 100084
　　　　　社 总 机: 010-83470000　　　　　　　　邮　购: 010-62786544
　　　　　投稿与读者服务: 010-62776969, c-service@tup.tsinghua.edu.cn
　　　　　质量反馈: 010-62772015, zhiliang@tup.tsinghua.edu.cn
　　　　　课件下载: http://www.tup.com.cn,010-83470236
印 装 者:三河市东方印刷有限公司
经　　销:全国新华书店
开　　本:170mm×240mm　　印　张:13.25　　字　数:204 千字
版　　次:2022 年 9 月第 1 版　　　　　　　　　印　次:2022 年 9 月第 1 次印刷
印　　数:1～2000
定　　价:59.00 元

产品编号:093976-01

前 言 PREFACE

交流在科研活动及社会活动中具有重要的作用,成功有效的交流(如好的论文与报告等)有利于技术成果的分享与传播,可以推动科学进步。因此,对于科研工作者具有良好的专业写作与表达能力是必需的。近年,高等教育"新工科建设"对学生综合能力的要求明确包括了写作与表达能力,专业写作与表达能力成为大学生需要掌握的必备技能。本书就是为提升读者的专业写作与表达能力而编写的。

全书共分为6章:第1章介绍科学精神与科学道德;第2章介绍中英文科技文献检索工具和方法,文献订阅与管理的常用方法,以及期刊影响因子、分区等相关知识;第3章介绍科技论文的类型、构成以及阅读方法,针对科学研究过程中调研、开题和课题开展这三个阶段,分别介绍各个阶段阅读论文的顺序、方法和侧重点;第4章介绍科技论文写作要点、思路、注意事项以及论文投稿技巧等;第5章介绍专利相关知识及技能,申请专利前期准备工作,专利文件构成及撰写规范和要求;第6章介绍PPT制作与学术演讲的要求、思路和方法。

本书主要特点如下:

内容实用。编写组近年承担"专业写作与口头表达"课程,完整开设该课多轮,通过调研本科生、研究生、青年研究者等在相关领域的关注点,多次修改以反映他们对内容和呈现形式的需求,达到有针对性解决问题的目的。以"科学精神与科学道德"开篇,引导读者理解科学精神、遵守科学道德;第二部分是文献查阅与阅读;第三部分是论文、专利撰写和口头表达等,整体内容是专业写作与表达方面最核心的。同时在组织方面主要采用"含义—要求—如何做"的逻辑思路,使读者很容易弄懂上手。

图例丰富。本书采用理论讲解与案例示范相结合的方式,有助于读者理解、掌握并结合自己的实际需求进行操作练习,以达到从零基础到快速入门的目的。全书选用了120多幅图表和110多个案例,涵盖了几乎所有的知识点,便于读者在学习理论知识之后,参照案例进行实际练习,从查找文献、阅读文献,到撰写科技论文、专利文件以及作学术报告,包含整个科研训练过程,在培养读者的专业写作与表达能力的同时,帮助读者快速掌握科学研究所需的基础知识和方法。

适用面广。本书的读者对象包括本科生、研究生、青年研究人员以及对专业写作与表达能力关注的相关人员等,编写本书的初衷是作为教材,但在撰写过程中力求结构、组织、形式等清晰、简洁,并手册化,读者可以通过自学掌握相关要求,无须专门上课学习。

在本书的编写过程中,得到了杨兴洲、胡嘉仪、郑安绮、姚翔铧、易雪、王芙蓉、翟亚辉、余文姝、白文芳、李馨蕊、李婉、周建豪、吕慧芳等10多位学生的建议与帮助,在此谨向他们表示诚挚的感谢。

由于编者水平所限,书中难免存在一些缺点和不足之处,殷切希望广大读者批评指正。

编 者

2022 年 6 月

目 录
CONTENTS

第1章 科学精神与科学道德 ·· 1

  1.1 科学的含义与历史 ·· 1

    1.1.1 科学的含义 ·· 1

    1.1.2 科学的发展历史 ·· 2

  1.2 科学精神 ·· 3

    1.2.1 科学精神的含义 ·· 3

    1.2.2 科学精神的重要性 ·· 3

    1.2.3 科学精神的发展历史 ·· 4

    1.2.4 科学精神的主要内容 ·· 5

  1.3 科学道德 ·· 11

    1.3.1 科学道德的含义 ·· 11

    1.3.2 科学道德的意义 ·· 12

    1.3.3 科学道德的行为规范 ·· 12

    1.3.4 学术不端行为 ·· 13

  1.4 本章小结 ·· 17

  习题 ·· 17

第2章 科技文献检索 ·· 18

  2.1 科技文献检索概论 ·· 18

    2.1.1 科技文献检索的基本概念 ·· 18

    2.1.2 科技文献检索步骤 ·· 19

  2.2 中文科技文献检索 ·· 21

        2.2.1 CNKI 简介 ┄┄┄┄┄┄┄┄┄┄┄┄┄┄┄┄┄┄┄┄┄┄┄ 21
        2.2.2 文献检索方法 ┄┄┄┄┄┄┄┄┄┄┄┄┄┄┄┄┄┄┄ 22
    2.3 英文科技文献检索 ┄┄┄┄┄┄┄┄┄┄┄┄┄┄┄┄┄┄┄┄┄ 35
        2.3.1 WOK、WOS、SCI 简介 ┄┄┄┄┄┄┄┄┄┄┄┄┄┄┄ 35
        2.3.2 Web of Science 文献检索方法 ┄┄┄┄┄┄┄┄┄┄┄ 36
    2.4 学术搜索引擎 ┄┄┄┄┄┄┄┄┄┄┄┄┄┄┄┄┄┄┄┄┄┄┄ 46
        2.4.1 Google Scholar 检索 ┄┄┄┄┄┄┄┄┄┄┄┄┄┄┄ 47
        2.4.2 高级检索 ┄┄┄┄┄┄┄┄┄┄┄┄┄┄┄┄┄┄┄┄┄ 52
    2.5 文献管理与订阅 ┄┄┄┄┄┄┄┄┄┄┄┄┄┄┄┄┄┄┄┄┄┄ 53
        2.5.1 文献管理软件 ┄┄┄┄┄┄┄┄┄┄┄┄┄┄┄┄┄┄┄ 53
        2.5.2 文献订阅介绍 ┄┄┄┄┄┄┄┄┄┄┄┄┄┄┄┄┄┄┄ 56
    2.6 期刊与论文评价 ┄┄┄┄┄┄┄┄┄┄┄┄┄┄┄┄┄┄┄┄┄┄ 60
        2.6.1 期刊引证报告及影响因子 ┄┄┄┄┄┄┄┄┄┄┄┄┄┄ 61
        2.6.2 期刊分区 ┄┄┄┄┄┄┄┄┄┄┄┄┄┄┄┄┄┄┄┄┄ 63
        2.6.3 基本科学指标及论文评价 ┄┄┄┄┄┄┄┄┄┄┄┄┄┄ 64
    2.7 本章小结 ┄┄┄┄┄┄┄┄┄┄┄┄┄┄┄┄┄┄┄┄┄┄┄┄┄ 66
    习题 ┄┄┄┄┄┄┄┄┄┄┄┄┄┄┄┄┄┄┄┄┄┄┄┄┄┄┄┄┄ 66

第 3 章 科技论文构成与文献查阅 ┄┄┄┄┄┄┄┄┄┄┄┄┄┄┄┄┄ 67
    3.1 科技论文的类型 ┄┄┄┄┄┄┄┄┄┄┄┄┄┄┄┄┄┄┄┄┄┄ 67
        3.1.1 全文和通讯 ┄┄┄┄┄┄┄┄┄┄┄┄┄┄┄┄┄┄┄┄ 67
        3.1.2 综述和评论 ┄┄┄┄┄┄┄┄┄┄┄┄┄┄┄┄┄┄┄┄ 71
    3.2 科技论文的构成 ┄┄┄┄┄┄┄┄┄┄┄┄┄┄┄┄┄┄┄┄┄┄ 75
        3.2.1 标题 ┄┄┄┄┄┄┄┄┄┄┄┄┄┄┄┄┄┄┄┄┄┄┄ 75
        3.2.2 作者和作者单位 ┄┄┄┄┄┄┄┄┄┄┄┄┄┄┄┄┄┄ 76
        3.2.3 摘要、图文摘要和关键词 ┄┄┄┄┄┄┄┄┄┄┄┄┄┄ 78
        3.2.4 引言 ┄┄┄┄┄┄┄┄┄┄┄┄┄┄┄┄┄┄┄┄┄┄┄ 82
        3.2.5 实验和方法 ┄┄┄┄┄┄┄┄┄┄┄┄┄┄┄┄┄┄┄┄ 85
        3.2.6 结果和讨论 ┄┄┄┄┄┄┄┄┄┄┄┄┄┄┄┄┄┄┄┄ 86
        3.2.7 结论 ┄┄┄┄┄┄┄┄┄┄┄┄┄┄┄┄┄┄┄┄┄┄┄ 90

  3.2.8 参考文献 …… 92
  3.2.9 其他 …… 93
 3.3 各个研究阶段科技论文的查阅 …… 95
  3.3.1 调研阶段 …… 95
  3.3.2 开题阶段 …… 104
  3.3.3 课题开展与论文撰写阶段 …… 107
 3.4 本章小结 …… 110
 习题 …… 110

第 4 章 科技论文写作与发表 …… 111

 4.1 科技论文语言特点 …… 111
 4.2 科技论文写作要点 …… 113
  4.2.1 科技论文的写作流程 …… 113
  4.2.2 科技论文各部分写作注意事项 …… 115
  4.2.3 图表规范及描述 …… 129
 4.3 论文投稿 …… 135
  4.3.1 选择期刊 …… 135
  4.3.2 投稿流程 …… 136
  4.3.3 投稿书信写作 …… 137
 4.4 本章小结 …… 142
 习题 …… 142

第 5 章 专利文件构成与要求 …… 144

 5.1 专利的基本概念 …… 144
  5.1.1 专利及其特征 …… 144
  5.1.2 申请专利与发表论文的区别 …… 145
  5.1.3 专利申请的前期准备 …… 148
 5.2 专利文件的构成 …… 149
  5.2.1 请求书 …… 149
  5.2.2 说明书 …… 154

5.2.3　权利要求书 ………………………………………… 155

5.3　专利申请文件的撰写 ………………………………………… 159

　　5.3.1　格式基本要求 ……………………………………… 159

　　5.3.2　说明书的撰写 ……………………………………… 160

　　5.3.3　权利要求书的撰写 ………………………………… 166

5.4　本章小结 ……………………………………………………… 168

习题 ………………………………………………………………… 168

第6章　PPT制作与学术演讲 …………………………………… 170

6.1　PPT制作的准备工作 ………………………………………… 170

　　6.1.1　应用场合和面向对象 ……………………………… 170

　　6.1.2　整体的框架和逻辑设定 …………………………… 171

6.2　PPT制作 ……………………………………………………… 171

　　6.2.1　PPT的基本操作 …………………………………… 171

　　6.2.2　模板选择 …………………………………………… 179

　　6.2.3　排列逻辑顺序 ……………………………………… 180

　　6.2.4　内容填充 …………………………………………… 182

6.3　学术演讲 ……………………………………………………… 192

　　6.3.1　明确演讲的目的和听众 …………………………… 192

　　6.3.2　形象 ………………………………………………… 193

　　6.3.3　演讲技巧 …………………………………………… 193

6.4　本章小结 ……………………………………………………… 199

习题 ………………………………………………………………… 199

参考文献 ………………………………………………………… 200

第1章

科学精神与科学道德

本章学习目标
- 了解科学的含义;
- 了解科学精神的意义与内容;
- 了解科学道德的内容;
- 了解学术不端的具体内容。

本章主要包括科学精神及科学道德两部分内容:首先介绍科学精神的基本概念与意义,重点通过国内外知名科学家的实例分析让读者体会科学精神的含义,并阐述科学精神对于社会及人类发展的重要性;随后介绍科学道德的基本内容,重点解释作为科研工作者的行为准则。科学精神是科研工作者的指导思想,而科学道德则是约束科研工作者的行为规范。

1.1 科学的含义与历史

1.1.1 科学的含义

关于科学的含义,不同的国家其文献表述不同,例如:

《辞海》:"科学是关于自然、社会和思想的知识体系。"

《法国大百科全书》:"科学首先不同于常识,科学通过分类,以寻求事物之中的条理。此外,科学通过揭示支配事物的规律,以求说明事物。"

《日本世界大百科辞典》:"所谓科学,是具备客观性和真理性的既具体又普遍的有体系的学术上的认识,即科学是学问达到最高程度的部类。"

从来自世界各地的学者对于科学不同的表述中,可以找寻到某些共同的东西:科学是一种知识体系,是基于人类对于世界客观认识经验的总结与升华。

知识体系是人类在实践中所获得的认识,互相联系而构成的系统整体。人类对于世界的认知主要来源于:基于经验的认知和基于科学的认知。早期人类对于世界的认知是基于自身的直觉与感悟,即在长期反复的过程中积累经验,随后顿悟到一个道理,再进行验证。相比之下,科学认知的方法虽然也基于实践与经验,但科学是采用实验和逻辑的方法揭示对象世界(自然、社会等)自身的规律。相比于单纯的堆积经验来说,科学作为一种知识体系,对于所拥有的经验进行提炼与总结,最后得出具有普遍性质的规律。因此,体系性、逻辑性与普遍性是科学的关键。

1.1.2　科学的发展历史

科学的起源可以追溯到古埃及和两河流域(公元前 3500—前 3000)。两大文明在数学、天文学与医学方面的贡献,帮助古希腊建立起古典的自然哲学观,并开始尝试在物质世界的基础上解释事件的自然原因。

科学的英文是 science,源于希腊文 episteme(知识),后来被拉丁文 scientia 取代。英文中的 science、德文中的 wissenschaft、法文中的 scientin、意大利文中的 scienza 都来源于此。古希腊时期的自然哲学是科学的起源。然而,由于罗马帝国的灭亡,希腊的知识与自然哲学观并不存在于中世纪早期的西欧(400—1000 年)。直到 10 世纪之后,希腊作品在西欧的复兴逐渐恢复了自然哲学研究,并在 16 世纪开始的科学革命中转变了科学研究方式。随着科学研究方式的快速发展,在 19 世纪,科学终于从自然哲学转变为自然科学,形成了现代的科学观。

Matteo Ricci 的另一个更为人熟知的名字是利玛窦,字西泰,意大利人。天主教耶稣会传教士、学者。1582 年被派往中国传教,1610 年在北京逝世,是天主教在中国传教的较早传教士之一。

西方科学传入中国的时间应从 1582 年意大利传教士利玛窦来华时算起。17 世纪初期,明朝官员徐光启向利玛窦学习天文、历法等知识。徐光启认为当时的西方科学是"格物穷理"之学,并根据儒家经典《礼记·大学》中"致知在格物,物格而后知至"的说法,把自然哲学翻译为"格物致知学",简称"格致""格物"等,用来指通过研究事物而获得的知识。而日本在幕府和明治维新初期,也因吸收中国文化,用以上名词来指称科学。

20 世纪初,随着科举制度的废除与新的教育制度的提出,"科学"逐渐取代了"格致"一词。1915 年,美国康奈尔大学的中国留学生任鸿隽等创办了《科学》杂志,从这一年开始,"科学"正式成为 science 的定译,而"格致"也极少被人提及。

1.2 科学精神

1.2.1 科学精神的含义

科学精神是指由科学性质决定并贯穿科学活动中的、体现科学活动主体的精神状态和思维方式。科学精神包含自然科学发展形成的优良传统、认知方式、行为规范和价值取向。科学精神既包含科学自身发展的目的,也体现社会对科学的要求。

1.2.2 科学精神的重要性

科学精神是科学发展过程中最具价值的成果,是人类认识世界的主观精神状态,也是人类数千年智慧的结晶。它源于科学,却又超越了科学本身,是科学的生命和灵魂。即使不是科学工作者也可以拥有科学精神。科学精神的存在,造福人类发展与生存,如例1-1。

【例1-1】 2020年年初,新冠疫情肆虐全球,给全球人民的生活与经济带来了巨大的冲击。中国、日本、美国、欧洲等先后受到疫情的影响。在应对疫情的过程中,中美两国展现出了对疫情截然不同的处理方式与态度。中国对于新冠疫情的处理速度与效率可以说是世界各国的典范。中国政府在疫情暴发的初期果断采取了积极应对的策略,在通过强制交通封锁等措施限制病毒流通的同时,统筹调配封锁区域的医疗资源。而积极响应疫情的成效也是显著的,直至2021年年初,中国在疫情高发的冬天与春运期间也没有再次出现疫情的大规模复发。除了中国政府的贡献之外,大多数人民群众的科学精神也是中国在新冠疫情控制中得以成功的原因。在疫情最严重时,中国人民并没有十分慌张,而是以一种科学性的思维去进行分析,并采取科学的方法对病毒的传播进行抑制和预防,这也是中国疫情得以迅速控制的关键原因之一。

科学精神不仅对于科学工作者来说非常重要,对于普通人来说也具有关键价值。科学研究的过程不断揭示着人类与自然之间的关系,同时也在加深人类对于自身的理解。科学的发展不仅改变了人类的生产和生活方式,也发掘了人类的智慧潜力,发展了人类的理性精神,不断提升人类自身的修养。科学精神是正面的,它引导人们奋发图强、积极向上,引导人们更加乐观地生活,促进人们形成正确的价值观、人生观和世界观。

1.2.3 科学精神的发展历史

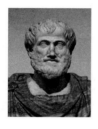

亚里士多德(公元前384—前322),古希腊哲学家、科学家和教育家,柏拉图的学生,亚历山大的老师。他构建了西方哲学的第一个广泛系统,包括道德、美学、逻辑、科学、政治和玄学。

在科学刚开始萌芽时,科学精神也就相应地诞生了。亚里士多德在《形而上学》中指出的"求知是所有人的本性"便是科学精神的一个表现。他认为,求知这种行为本身就应以科学为目的,而科学的本身也应该是纯粹的。这样的科学精神在两千年后的哥白尼等人身上也得以体现。这也说明,科学精神是可以超越时空的。虽然科学在不断地发展,科学精神不断在完善,但科学精神的本质事实上不随时空而改变。这也是科学精神的魅力所在。

学者们对于科学精神的系统性思考开展于文艺复兴时期。18 世纪后,出现了专门对科学精神进行研究的学者,科学精神也在这段时期趋于成熟,并随着科学的发展不断深化,最后演变成科研工作者需要拥有的重要素质。1892 年,英国学者 Karl Pearson 出版了《科学的规范》,将科学的一些特质和精神要素归纳为科学精神、科学的心智框架和科学的心智习惯。1942 年,美国社会学家 Robert King Merton 发表《科学的规范结构》一文,提出科学精神特质应具有普遍主义、公有性、无私利性与有条理的怀疑四大要素,这显然是基于文艺复兴时对于科学精神的思考。

在中国,科学精神一词是任鸿隽在 1916 年第 2 卷第 1 期的《科学》杂志上发表的《科学精神论》中首先提出来的。在该文中任鸿隽指出:"科学精神者何?求真理是已"。这与几千年前亚里士多德对于科学精神的看法有异曲同工之妙。随着科学在中国的发展,科学精神在中国也得到进一步的发展与深化,而中国的科学精神发展,也为全世界的科学精神发展作出了不可磨灭的贡献。

1.2.4　科学精神的主要内容

科学精神的主要内容包括理性精神、质疑精神、崇实精神、察微精神、奉献精神、探索精神、进取精神与创新精神等。

1. 理性精神

理性精神是科学精神的核心内容。在哲学中,理性是指人类能够运用理智的能力对事物的发展进行分析与判断。理性与感性一样,都属于意识的范畴,且为意识的性质。从社会学的角度来讲,理性是指能够识别、判断、评估实际理由,以及使人的行为符合特定目的等方面的智能。理性精神即通过论点与具有说服力的论据发现真理,通过符合逻辑的推理而非依靠表象获得结论。

2. 质疑精神

质疑精神是指由于认识的可能性受限于思维的局限和思维客体的不可接近性,对于已产生的论点产生合理的质疑。合理地进行质疑与正确地面对质疑是科学工作者的基本素养,这两者的结合不会阻碍科学的发展,反而会为科学的发展提供新的思路,如例1-2。

黄万里(1911—2001),中国著名水利工程学专家、清华大学教授,毕业于唐山交通大学。近代著名教育家、革命家黄炎培第三子。曾因反对黄河三门峡水利工程而被错划为右派。2001年8月27日病逝于北京。

【例1-2】 20世纪50年代初,中国请苏联拟定在黄河下游兴修水利工程的计划。由于缺乏相关经验,苏联的方案整体思路就是蓄水拦沙。专家论证会议上,黄万里从根本上否定了苏联专家的方案,他认为,三门峡水利工程违背了水流必须按趋向挟带一定泥沙的科学原理。如果修建,将会把黄河在下游河南的灾难搬到上游陕西。会上他据理力争,最终却遭到批判。

三门峡工程建成后的第二年,他的预言就被证实了,大坝内泥沙多达16亿吨,淤积严重,使得渭河两岸百姓的生计受到了不小的影响。

黄万里并不后悔自己的言行给自己带来的影响,他说:"我是学这一行的,而且搞了一辈子水利,我不说真话,就是犯罪。治理江河涉及的可都是人命关天、子孙万代的大事。"

3. 崇实精神

崇实精神,即崇尚实际、崇尚朴实的精神,这也是科学存在的原因之一。科学是基于事实而存在的,如果事实有问题,科学本身就没有意义。事实是科学最强大的支持,事实也可以给予科学工作者勇气去反抗一切伪命题。于是,崇实精神事实上也是质疑精神存在的基础,如例 1-3。

尼古拉·哥白尼(Mikołaj Kopernik,1473—1543),文艺复兴时期的波兰天文学家、数学家、教会法博士、神父。

【例 1-3】 哥白尼是科学崇实精神的代表之一,他的代表工作是提出日心说。正是因为坚持真理,哥白尼受到了当时政府的迫害,直到去世之前才将自己的著作《天体运行论》发表出来。

哥白尼的故事告诉了我们,事实和真理值得用一生的时间去面对与捍卫。而这种精神正是科学精神的重要组成部分,即崇实精神。事实上,在日心说这个故事中,还有另一个更富有悲剧色彩的主人公,那就是乔尔丹诺·布鲁诺,如例 1-4。

乔尔丹诺·布鲁诺(Giordano Bruno,1548—1600),文艺复兴时期意大利思想家、自然科学家、哲学家和文学家。作为思想自由的象征,他鼓舞了 16 世纪欧洲的自由运动,成为西方思想史上重要人物之一。

【例 1-4】 布鲁诺勇敢地捍卫了"日心说",并将其传遍了欧洲。而在当时,"地心说"一直是天主教会公认的世界观,"日心说"的出现无疑是对教会的挑战。在《论无限、宇宙及世界》一书中,布鲁诺提出了宇宙无限的思想,他认为宇宙是统一的、物质的、无限的和永恒的。在太阳系以后还有无以数计的天体世界。人类所看到的只是无限宇宙中渺小的一部分,地球只不过是无限宇宙中的一粒小小的尘埃。16 世纪,天主教的势力极其惊人,而布鲁诺所支持的"日心说"严重危害了教会的权利。所以,布鲁诺在 1592 年被捕入狱,最后被宗教裁判所判为"异端",烧死在罗马鲜花广场。

4. 察微精神

察微精神是指在科学活动中注重细节，对每一个细节都持认真对待的精神。科学进步中的契机往往是来自微小的地方，包括测试时的小细节、实验中出乎意料的发现，很有可能都是新的现象。能否对这些新现象进行分析，也是一个优秀科研人员的基本素养。

发现不锈钢的实例体现出了科学过程中的察微精神，如例1-5。

【例1-5】 第一次世界大战前夕，欧洲列强各自埋头备战，大批军事人才聚集在实验室里研究新技术和新材料。当时，英国的炼钢技术差，英国士兵使用的步枪、枪膛很容易磨损。从1912年开始，科学家哈里·布雷尔利(Harry Brearley)一直致力于寻找一种耐磨的合成钢，然而该工作在几个月里并没有实质性的进展。为了鼓舞实验人员，布雷尔利决定清理实验室以便开展新的实验。

在清理过程中，研究人员发现一块奇怪的钢材样品，即使在外面放了几个月，日晒雨淋，却仍然光亮如初。布雷尔利立刻翻出实验记录，根据编号记录找到了这个样品的成分。这种合金虽然硬度不够、容易被磨损，但是其耐腐蚀的性能还是深深吸引了布雷尔利。基于它的特性，布雷尔利将其命名为不锈钢。1915年，布雷尔利创办了一家生产不锈钢餐具的工厂，将科技成果转化为生产力。新颖的不锈钢餐具深受人们欢迎，不仅风靡欧洲，后来还传遍全世界。由此，布雷尔利也赢得极高的声誉，被尊称为"不锈钢之父"。

5. 奉献精神

奉献精神是指对自己事业的不求回报和全身心的付出。对个人而言，就是要在这份爱的召唤之下，把本职工作当成一项事业来热爱和完成，从点点滴滴中寻找乐趣。科学无国界，但科学家有国家。科学家用尽毕生力量为自己的祖国与全人类贡献智慧，则是科学精神中奉献精神的最好体现。

自中华人民共和国成立以来，中国涌现出一大批具有奉献精神的科学家，正是由于他们忘我的付出与辛勤的工作，中国才得以在短时间内克服重重困难，实现从几乎没有科技的国家到科技大国的跨跃，如例 1-6。

钱学森(1911—2009)，我国著名的力学家、核物理学家和火箭专家，工程控制论创始人之一，中国科学院学部委员、中国工程院院士，两弹一星功勋奖章获得者。

【例 1-6】　1934 年，钱学森考取了清华大学的留美公费生，到美国研究航空工程和空气动力学。在美国时，他与空气动力学教授卡门合作，共同创立了著名的"卡门-钱学森公式"，并在卡门教授的推荐下成为了麻省理工学院最年轻的终身教授。

虽然身居海外，钱学森却一直心向祖国。1950 年，朝鲜半岛燃起了战火。而挑起这场战争的美国，也在国内掀起了疯狂反对共产主义的恶浪。7 月，美国军方没收了钱学森参加机密研究的证书。他决定以探亲为由立即返回祖国，就此一去不返。8 月，钱学森一家从华盛顿飞到洛杉矶，准备从那里飞离美国。不料刚下飞机，就被美国海关非法扣留。随后，钱学森遭受到了美国的不公正待遇，并度过了 5 年失去自由的生活。然而，这并没有扑灭钱学森挚爱祖国的赤子之心。1955 年 9 月，在王炳南大使的交涉下，钱学森和家人终于顺利返回祖国。从此，他全身心地投入祖国的科研工作中，为我国的科学事业作出了重大贡献。1970 年，我国成功发射了第一颗人造地球卫星；1980 年 5 月，我国又向太平洋预定海域发射了第一枚运载火箭。这些振奋人心的消息传遍了五洲四海，美国电台称钱学森为"中国导弹之父"。

1991 年，钱学森获得"国家杰出贡献科学家"的荣誉称号。

6. 探索精神

探索精神是指研究未知事物的勇气或精神。科学活动的本质即是探索，而正是由于有数千年来众多科学家们的忘我的探索，人类才可以拥有今天的智慧。科学的进一步发展，需要一辈又一辈的科学工作者不停歇的探索才可以完成。科学的探索过程并不容易,往往需要花费大量的时间与努力,而科学家在工作中所表现出来的探索精神,则是他们永不言弃的充满韧性的精神体现。永不停歇的探索精神,也是科学家的伟大精神财富。

7. 进取精神

进取精神是指一种向上的、立志有所作为的精神状态,是人类全面发展和不断进步的必要条件之一。如果说科学的灵魂是无尽的探索与创新,进取精神则是探索与创新的保障。也正是有了进取精神,科学家才可以克服一个又一个困难,进一步完成科学的飞跃,如例1-7。

黄旭华(1924—),舰船设计专家、核潜艇研究设计专家。1994年当选中国工程院院士。湖北省科协荣誉委员,曾任前中国船舶重工集团公司719研究所副总工程师、副所长、所长兼代理党委书记,核潜艇工程副总设计师、总设计师,研究员、高级工程师、名誉所长等职。于2020年获得"国家最高科学技术奖。"

【例1-7】 黄旭华是我国第一代核潜艇总设计师,被称为"中国核潜艇之父"。1958年,中国开始核潜艇研究,黄旭华被选中参与研究。在当时的中国,没有一个人真正了解核潜艇。由于国外的技术封锁,许多设计都难以找到参考。在这种条件下,要想自己设计并制造出核潜艇,几乎是不可能的事情。但黄旭华和同事们并没有因为任务困难就放弃,而是用算盘和计算尺计算核潜艇设计中的大量数据,并精确称量数以万计的设备和管线等。经过研发团队数年的努力,1974年,我国第一艘核潜艇"长征一号"正式交付海军。正是因为黄旭华等人的无私奉献和积极进取,中国才可以在10年不到的时间,从核潜艇上的一无所有到自己成功研发出自己的核潜艇,再进一步发展成为如今的核潜艇大国。由于中国核潜艇项目的高度机密性,从1958年到1986年,黄旭华从没有回过老家探望双亲。1988年南海深潜试验,黄旭华顺道探视老母,时年已95岁的母亲与儿子对视却无语凝噎。

2013，黄旭华被评为"感动中国"十大人物，在颁奖词中写道："时代到处是惊涛骇浪，你埋下头，甘心做沉默的砥柱；一穷二白的年代，你挺起胸，成为国家最大的财富。你的人生，正如深海中的潜艇，无声，但有无穷的力量。"

8. 创新精神

创新精神是指具有能够综合运用已有的知识、信息、技能和方法，提出新方法、新观点的思维能力，以及进行发明创造、改革、革新的意志、信心、勇气和智慧。在科学活动中，创新是根本之一，科学就是因为有创新才存在的。而创新精神，也是科学工作者应具备的基本科学精神之一。

1.3 科学道德

1.3.1 科学道德的含义

道德是一个社会学概念，是社会意识形态之一。在人类的社会活动中，人类的实践活动起源于欲望而不是理性。理性只能用于分辨对错，而不能引起活动。欲望才是引起活动的根源，但无法分辨对错。人类可以使得欲望服从理性，而这种服从理性的欲望可以导致良好的活动与选择。这种良好选择的背后就是道德。或者说，道德代表欲望与理性的统一。

相比于道德来说，科学道德的范围更窄，且具备更多的细节。随着科学的发展，人们在科学活动中也拥有更多的利益。而对于科学活动的本身，人们也可以更加理性地去看待。于是，在人类越来越"成熟"的过程中就产生了科学道德。

科学道德的产生与科学精神是不可分割的，正是因为科学精神的发展，科学家对于科学精神逐渐产生了系统性的思考，进一步衍生出了科学道德，以作为对科学工作者的行为规范。科学精神是科学道德的思想内核，而科学道德则是由科学精神派生而来。没有科学精神的科学道德是空洞的，而没有科学道德的科学精神也无法对科学工作者的行为起到规范作用。科学道德的产生与逐渐受到重视，是科学工作者走向职业化的一个发展必然。

1.3.2　科学道德的意义

科学道德是科学发展过程中的一个必然产物,随着科学的发展,科学工作者的数量急剧增加。而科学家也从非职业化工作向职业化进行转变。于是,对于一个成熟的行业来说,拥有自身的行业道德规范正是这个行业发展趋于成熟的表现。

从科学发展的角度来看,科学道德的出现虽是必然,但科学道德本身对于科学的发展和进一步深化认识具有促进作用与积极意义。

首先,科学道德帮助科研工作者正确认识科学活动中的规律和准则,也进一步认识到作为科研工作者对于科学、社会与国家的责任与义务。科学道德与科学精神的锻炼并不相同,两者主要体现在形式的差异上:科学精神着重于个人思想与精神的培养;科学道德则体现为科学道德观念、科学道德理想与科学道德准则的形成,相比于科学精神来说带有一些强制性。科学道德是在科学发展过程中逐渐形成的,科学道德的提炼与总结也是基于一代又一代科学家的思想精华。因此,对于科学道德的理解同样也是对于科学本质,或者是人与自然关系的理解。

另外,作为广义的道德来说,其最基本的功能在于规范行为。而对于科学道德来说也是一样,其根本的作用在于规范科学活动中的各种行为。事实上,任何科学实践活动都必须以相关的道德规范进行指导,否则就有可能给社会带来灾难。亚里士多德提道:"造成幸福的是合德性的活动,相反的活动则造成相反的结果。"这句话也从侧面证实了科学道德对于科学发展的重要性,正是因为有科学道德的存在,科学的发展才不会走上邪路。

1.3.3　科学道德的行为规范

目前,关于科学道德的行为规范还没有明确且统一的描述,中国科学技术协会在2007年发布《科技工作者科学道德规范》,将学术道德规范总结成为13条准则,包含资料收集过程中、项目开展过程中、论文发表过程中与职称评审过程中的道德规范。2012年,中国工程院发布《院士科学道德守则》,包含6章内容共20条准则。可以看出,不同的机构对于科学道德的规范不尽相同。

在高树中等所著《科学道德概论》一书中,将科学道德的行为规范总结为7条,分别是:"求真唯实,严谨治学;诚实守信,尊重他人;勇于进取,开拓创新;团结协作,积极竞争;廉洁科研,不谋私利;献身科学,服务社会;杜绝不端,遵守规范"。

1.3.4 学术不端行为

对于学术不端行为的认定在不同领域目前还没有统一的标准,主要包括:在研究与学术领域内有意做出虚假的陈述;损害他人的著作权,侵犯他人的署名权,剽窃他人的学术成果;违反职业道德利用他人未经发表的学术认识、假说、学说或者研究计划;研究成果发表或出版中的科学不端行为;故意干扰或妨碍他人的研究活动;在科研活动过程中违背社会道德。

1. 有意做出虚假的陈述

在研究与学术领域内有意做出虚假的陈述,是指在研究与学术领域内的各项科学活动中故意做出虚假的表述,包括数据造假、图片造假、结论造假等,在学术不端行为中是非常严重的。该类的学术不端行为会带来类似于"蝴蝶效应"般的效果,从而引发大量的社会资源损失,如例1-8。

【例1-8】 皮艾罗·安维萨(Piero Anversa)是美国心脏病专家、前哈佛医学院教授、再生医学研究中心主任,因心肌细胞再生的工作享誉全世界。他于2001年与2003年分别在 Nature 与 Cell 发表论文,宣称发现心脏中含有干细胞(c-kit)。为此,美国投入了巨额资金以支持他的研究。在17年间,他在这个方向上发表了100余篇高等级论文,其团队有关c-kit修复心脏的研究受到各国同行的关注。

然而,从2004年起,陆续有研究人员发表论文称无法重复安维萨的研究成果。经过调查发现,安维萨发表的论文都是数据选择后的结果。原始数据有很多并没有进行可重复性验证,但是在一段时间后就会成为一篇论文的内容或主要内容。

Science 杂志把安维萨的研究称为21世纪最臭名昭著的科学欺诈案件之一。原因在于,造假人安维萨是科学界知名学者,且造假持续时间长达 17 年,骗取纳税人大量钱财(仅美国国立卫生研究院支持这项研究的资金就高达 5000 万美元)。心脏存在干细胞的假说,误导了全球许多国家的研究人员,耗费了巨额资源。

2. 损害他人著作权与署名权

损害他人的著作权、侵犯他人的署名权、剽窃他人的学术成果包含两个内容:一是在对方未同意的情况下不署名对方;二是在对方未同意的情况下署名对方。

在科学活动中,尤其是在科学成果(如论文、专利、专著等)的发表过程中,作者的署名是非常关键的。对于一项科学工作来说,其往往不是一个人完成的,尤其是对于现代科学来说,广泛的学科交叉与多学科融合使得一项科学工作的完成往往需要多家单位的数位甚至数十位科学工作者共同参与,如例 1-9。

【例 1-9】 2018 年,物理领域的经典之作 Observation of Gravitational Waves from a Binary Black Hole Merger,即人类首次成功探测到引力波的著名论文,包含 1004 位作者,分别来自于 133 个不同的科研单位。然而,即使作者数量再多,排在第一的也只有一位。对于引力波探测的这篇论文,由于作者众多而且论文本身的特殊性,论文的作者采用了一个非常公平的方法,即按姓氏字母顺序排列。但对于绝大部分科研论文来说,第一作者都意味着对该论文贡献最大的作者。

在对方未同意的情况下不署名对方,这种情况也可以视为剽窃他人的学术成果。在当今绝大多数论文发表过程中,科研工作者在发表论文之前都会与所有的作者开会讨论作者的名字与顺序,这有效地杜绝了此类事件的发生。

在对方未同意的情况下署名对方,这种情况也是侵犯他人署名权的做法。对于一些科研工作者来说,他们会采取这种做法,这是由于在论文中包含"知名科学家"名字时,论文往往被认为会受到优待。事实上,在目前的审稿体制下,审稿人可以看到论文作者的所有信息(包括姓名与工作单位),而论文作者无法知晓审稿人的信息,这种"单盲制"审稿方式是目前最常见的审稿方式。在这种情况下,论文中包含"大科学家"名字的确有可能受到优待。目前已有一些科研杂志推行"双盲制"审稿方式,即审稿人也看不到作者的详细信息。这种方式在推行过程中会有一些难度,但无疑会更加公平。

3. 窃取他人未发表的科学成果

违反职业道德窃取他人未发表的科学成果是指在未经对方允许的情况下引用或侵占对方未经发表的学术成果(包括学术认识、论文、假说、学说与研究计划等)。这主要包含两方面内容:一是利用他人未经发表的学术认识;二是利用他人的研究计划。

利用他人未经发表的学术认识的情况多数发生在会议交流期间。对于很多情况来说,科研工作者参与学术会议时以口头报告或墙报的形式进行交流的内容是他们尚未正式发表的内容,这个时候就有可能会造成数据的泄露。在这种情况下,进行学术报告的许多科研工作者会对是否要在学术会议上宣讲最新的研究成果而感到顾虑。但事实上,就时效性来说,在学术会议上进行口头报告要远高于发表学术论文。所幸随着科学的发展,目前的预印发表模式越来越健全。于是,在进行学术会议宣讲之前,做好预印是避免该类情况的有效方法。

4. 研究成果发表或出版中的科学不端行为

研究成果发表或出版中的科学不端行为是指在研究成果发表或出版的过程中(包括论文发表、专利发表等),发表的参与者的学术不端行为。这类情况主要包含两方面内容:

首先是作者在成果发表或出版中的科学不端行为。由于科学活动是基于人的实践活动,于是在科学活动中不可能绝对公平。科学成果的发表直接影响科研工作者的既得利益,自然也是学术不端行为最容易出现的地方。这些学术不端行为主要包括作者在论文投递过程中通过各种方式与杂志编辑产生利益上的交换、作者在论文评审过程中通过各种方式与审稿人产生利益上的交换等。

其次是审稿人在成果发表或出版中的科学不端行为。在目前广泛存在的单盲制审稿机制的情况下,审稿人对于作者的信息一览无余。审稿人接受论文的评审工作时,同时担负了应该公平严格进行审稿活动的责任,如例 1-10。

【例 1-10】 爱因斯坦在 1936 年将题为 Do gravitational wave exist? 的论文投递给 Physical Review,审稿人正是爱因斯坦的同事罗伯森。即使罗伯森与爱因斯坦相熟,他却没有对该论文进行"放水",而是认认真真地提出了 10 页纸的修改意见,认为这篇论文有许多问题。这个回复惹火了爱因斯坦,他随即对当时的编辑 Tate 教授施压,但 Tate 教授抗住了压力,仍然要求该论文进行修改。该论文最终没能发表在 Physical Review 上。后来,无论是实验还是理论计算都证明了爱因斯坦的这篇论文的确存在许多问题,而爱因斯坦也修正了论文中的错误,并以 On gravitational waves 为题发表在 the Journal of the Franklin Institute。在这件事情中,无论是编辑 Tate 教授,审稿人罗伯森,还是 Physical Review,都表现出了极佳的科学修养,而爱因斯坦后面也承认了自己的错误,证明即使是伟人,在面对真理时也要勇于接受批评。正因如此,Physical Review 一直是物理学家心中的情怀所在。

5. 故意干扰或妨碍他人的研究活动

故意干扰或妨碍他人的研究活动是指在研究活动进行过程中,通过任何手段对研究进行干扰。它包括故意损坏、强占或扣压他人研究活动中所必需的仪器设备、文献资料、数据、软件或其他与科研有关的物品,以及采用不正当手段妨碍他人的研究活动,故意对竞争项目实施不正当竞争行为等。

6. 在科研活动过程中违背社会道德

在科研活动过程中违背社会道德包括骗取经费、装备和其他支持条件等科研资源;滥用科研资源,用科研资源谋取不当利益,严重浪费科研资源;在个人履历表、资助申请表、职位申请表以及公开声明中故意包含不准确或会引起误解的信息,故意隐瞒重要信息等。

事实上,在科研活动中对社会伦理的违背也会带来非常严重的后果,如例 1-11。

【例 1-11】 2018 年,某大学副教授宣布一对基因编辑婴儿健康诞生。由于这对双胞胎的基因(CCR5)经过修改,她们出生后即能天然抵抗人类免疫缺陷病毒(HIV),又称艾滋病病毒。这一消息迅速激起轩然大波,震动了世界。原来,该副教授私自组织项目团队,蓄意逃避监管,使用安全性、有效性不确切的技术,实施明令禁止的以生殖为目的的人类胚胎基因编辑活动。该行为严重违背伦理道德和科研诚信,造成了恶劣影响。

科学活动虽然走在世界的前沿,引领着人类的发展与进步,但是这并不意味着科学活动将不受限制。相反,正是因为科学活动中存在许多的未知性与不可预测性,错一步都有可能给国家甚至全人类带来极大的影响。于是,对于科学活动更需要严格地进行监管。作为科研人员,也需要做好科学道德培训工作。

科学道德就是科研人员的"红线",一步也不能跨越。

1.4 本章小结

本章主要对科学的含义与发展历史、科学精神及科学道德的意义进行了介绍。重点介绍了科学精神的内涵与科学道德的意义,通过分析国内外知名科学家的实例,阐述了科学精神的主要内容;并对学术不端行为进行了简述。

习题

1. 寻找更多的可以体现科学精神的知名科学家的故事。
2. 结合自身情况,思考如何恪守学术规范。

第2章 科技文献检索

本章学习目标

- 掌握中英文科技文献的检索方法；
- 掌握文献管理及文献订阅方法；
- 了解期刊影响因子及分区的相关知识。

本章首先介绍科技文献检索的基本概念，重点阐述如何进行中英文科技文献检索；然后介绍"谷歌学术"等学术搜索引擎的文献检索功能，并介绍文献订阅与管理的常用方法；最后介绍期刊影响因子、分区等相关知识。

2.1 科技文献检索概论

2.1.1 科技文献检索的基本概念

科技文献检索的概念有广义和狭义两种。广义上的科技文献检索包含存储和检索两部分，是指将科技文献按一定的方式或者规律排序且存储起来形成各种数据库，并根据用户的需求，按照一定方法或者程序，从数据库中检索出符合特定需要的文献的全过程。狭义的科技文献检索只包含检索过程，不包含存储过程，其基本原理是将用户所检索的文献标识（如题名、关键词、著者、出版社等）与数据库中的信息标识进行对比，二者若能取得一致，则可以将数据库中符合用户需求的文献提取出来。

本章着眼于狭义的科技文献检索，介绍如何在数据库中快速有效地查找到目标科技文献。

2.1.2 科技文献检索步骤

科技文献检索是科学研究活动的重要组成部分，只有采用正确的检索方法才能快速地获得预期的检索结果，检索过程有以下三个重要的检索步骤。

1. 明确检索目的

检索目的不同，对检索结果的查全、查准、查新的要求程度也会不同，根据检索目的的不同，文献检索可以大致概括为以下三种类型：

（1）普查型：当检索是为了编写综述、评价科技成果及鉴定专利申请的新颖性等工作时，需要全面收集有关课题的文献资料，往往需要检索者尽可能提高查全率。

（2）攻关型：如需要解决研究中的某一关键问题、关键实验条件或解决应用中的某一关键技术等，则需要收集有关课题的某一特定方面的文献资料，往往需要检索者尽可能提高查准率。

（3）探索型：通常检索者为了解和掌握某一学科或领域的最新研究动态或成果，往往需要检索者综合多种检索工具（数据库）提高文献的查全率和查新率。

2. 选择检索系统

检索系统种类繁多，收录文献的类型、学科和专业各有侧重，目前国内常用的数据库包括中国知识资源总库（CNKI）、万方数据资源系统、国家自然科学基金基础研究知识库等。常用的外文数据库包括 Web of Science、IEL（IEEE Electronic Library）、Wiley Online Library 电子书刊等。在 2.2 节和 2.3 节将分别具体介绍如何使用 CNKI 和 Web of Science 检索科技文献。

3. 选择文献检索途径

利用文献的特征作为检索词进行检索是科技文献检索中常用的检索途径之一。文献特征可以细分为外部特征和内容特征。文献外部特征是在文献载体外表上标记的可见的特征，如文献题目、著者、出版社、出版地、出版时间等；文献的内容特征是文献所载的知识信息中隐含的、潜在的特征，如分类、主题等。

1）基于文献外部特征的检索途径分类

基于文献外部特征的检索途径可以细分为以下几种：

（1）题名途径：根据文献篇名查找文献的途径。如果已知文献的篇名便可以此作为检索词进行检索。

（2）著者姓名途径：根据文献的作者或者编者名称查找文献的途径。著者索引通常用于查找已知著者姓名的文献，用于定期跟踪查找该著者的文献，从而了解和掌握某课题、某学科的研究状况。

（3）引文途径：引文，即通常所说的参考文献。引文途径是指利用已有文献的参考文献目录作为线索进行检索的方法。通过引文检索可查找相关研究课题的历史以及近期的研究进展，可以帮助用户更为全面地了解相关研究课题的整体状况。

在这里补充一些和引文途径检索相关的概念：

① 参考文献：作者在撰写文献时所引用的文献。它反映了该篇文献的研究背景和依据。

② 引证文献：引用本文献的文献。它反映了本文献研究工作的发展、应用或者评价。

③ 共引文献：与本文献有相同参考文献的文献。它反映了共引文献与本文献的研究内容有相同的部分。

④ 同被引文献：与本文同时被作为参考文献引用的文献。

（4）号码途径：根据文献出版时所编的号码顺序来检索文献信息的途径。专利说明书有专利号，科技报告有报告号，标准文献有标准号，文献收藏单位编有馆藏号或索取号，如果已知某一科技文献的特定号码，则可以利用号码索引直接检索到这一特定文献。

2）基于文献内容特征的检索途径分类

基于文献内容特征的检索途径可以细分为以下几种：

（1）分类途径：在按照学科体系编排分类的检索系统中，查找相关某一学科或领域内的相关文献信息的方法。利用分类途径可以全面检索到该学科或者领域内相关文献信息，但是也会存在学科与学科之间的相互交叉、渗透等而导致的误检或漏检。

（2）主题途径：按照文献的内容主题进行检索的途径，如标题词、关键词等。这一途径可以弥补分类途径的不足，将分散于各个学科的相关文献全部检索出来。在各学科交叉渗透日益显著的今天，这种检索途径越来越受到广大科技工作者的采用和重视。

2.2 中文科技文献检索

本节将以 CNKI 为例，对中文科技文献的检索进行介绍。

2.2.1 CNKI 简介

CNKI 即中国知识基础设施工程（China National Knowledge Infrastructure），1999 年 6 月由清华大学和清华同方共同发起，原名为中国期刊网，2004 年 10 月 1 日更名为中国知网，网址为 http://www.cnki.net。CNKI 是一个综合性的数据库检索平台，平台检索涵盖的资源类型有学术期刊、学位论文、会议、报纸、年鉴、专利、标准、成果、图书、古籍、学术辑刊、特色期刊，是目前检索和下载学术资源时使用频次最高的中文网站。CNKI 主要常用数据资源库（图 2.1）有以下五种：

（1）学术期刊库：实现了中、外文期刊整合检索。

（2）学位论文库：包括《中国博士学位论文全文数据库》和《中国优秀硕士学位论文全文数据库》。

（3）会议论文库：重点收录 1999 年以来，中国科协系统及国家二级以上的学会、协会、高校、科研院所、政府机关举办的重要会议以及在国内召开的国际会议上发表的文献。

（4）中国重要报纸全文数据库：我国第一个以重要报纸刊载的学术性、

资料性文献为收录对象的连续动态更新的报纸全文数据库。

（5）中国引文数据库：基于 CNKI 源数据库文献的文后参考文献和文献注释为信息对象建立的一个规范引文数据库。

图 2.1 CNKI 资源库数据库列表

2.2.2 文献检索方法

CNKI 提供多种文献检索方法和途径，并且提供检索结果的统计和分析。

按照检索范围的不同，CNKI 提供跨库检索和单库检索两种模式。

CNKI 首页默认的检索方式，用户可通过勾选资源库名称自主选择所要检索的资源范围，实现单库或跨库文献检索。

如果要在某一特定的单库中进行检索，则可以单击该资源名称进入相应的单库检索页面进行文献检索。

在 CNKI 检索首页单击"学术期刊"，则可以进该资源库主页，如图 2.2 所示。学术期刊库主页主要由检索途径、检索框、高级检索选项框、数据库概况介绍以及期刊导航几部分组成。

图 2.2 CNKI 学术期刊库主页

CNKI 有一框式跨库检索、一框式单库检索、高级检索三种常用的文献检索方式。下面结合实例分别介绍这三种检索方式。

1. 一框式跨库检索

如图 2.3 所示为一框式跨库检索页面。

（1）选择检索途径：CNKI 提供主题、篇名、关键词、作者、单位等多个检索途径。

（2）检索范围：勾选资源库名称，选择所要检索的资源库范围。

（3）检索词：检索框内输入检索词，执行检索。

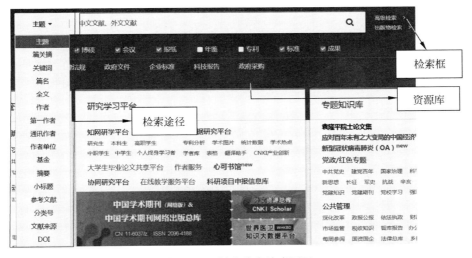

图 2.3 一框式跨库检索页面

【例 2-1】 需求：检索"二维材料"这一主题相关的文献和报道。

检索过程：

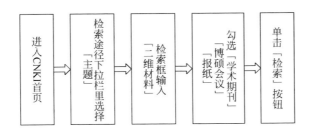

图 2.4 为"二维材料"检索页面。

图 2.4　"二维材料"检索页面

图 2.5 为"二维材料"检索结果页面。

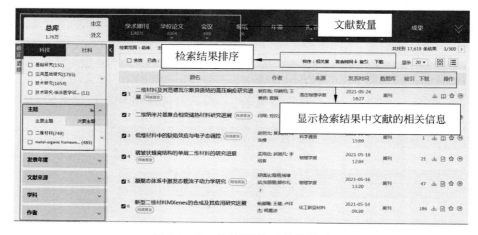

图 2.5　"二维材料"检索结果页面

从"二维材料"检索结果页面(图 2.5),可以得到以下信息:

1) 文献数量

检索结果页面显示"二维材料"这一主题文献在 CNKI 总库数量以及所选资源库各单库内的文献数量。单击各资源库中类型名称,下方的检索结果区即为该资源库文献。

2) 文献的相关信息

显示主题相关文献的题名、作者、来源、发表时间、文献所属数据库名称、被引次数、下载次数以及在线阅读等其他功能选项。

3) 结果排序

对于检索结果,系统默认按照发表时间进行排序,可以帮助用户快速了解"二维材料"主题相关的最新研究成果;另外,也可以按照相关度、被引次数或下载次数进行排序,用户可以按照自己的需要选择合适的排序方式展示检索结果。

4) 缩小检索范围

检索结果显示的是"二维材料"以及相关主题的文献结果,用户可以在检索结果页面左侧目录,通过限定"主题""发表年度""期刊""作者""机构"等缩小检索结果范围,得到更加符合需求的检索结果。例如,目录栏里"主题"项,系统经过对检索结果的计算与分析,分类统计出"二维材料"以及与之相关的其他主题的文献数量,如果只需要"二维材料"的检索结果,就可以在目录-主题里勾选"二维材料",从而得出相应结果,如图 2.6 所示。

图 2.6 精确"二维材料"主题后检索结果页面

"二维材料"相关主题文献数量为 1.76 万篇,精确到"二维材料"时,文献数量只有 770 篇。用户可根据需要来选择扩展或者缩小检索的范围。

另外,还可以利用"结果中检索"的功能进一步优化检索结果。

例如,770 篇"二维材料"这一主题文献中,筛选来自"电子科技大学"的文献有哪些?则可以利用目录-机构中勾选"电子科技大学"得出检索结果。另外,也可以使用"结果中检索"的功能,具体操作如下:

(1) 在检索结果页面的检索途径下拉栏中选择"作者单位"。

(2) 检索框内输入"电子科技大学",单击"结果中检索"按钮。

系统便可以输出"电子科技大学"发表的关于"二维材料"的文献结果,如图 2.7 所示。

注意,一框式检索属于模糊检索,作者单位中含有"电子科技大学"字样的单位以及系统分析与"电子科技大学"具有专业上相似或相关的单位都会

图 2.7 "结果中检索"页面

在检索范围内,比如"西安电子科技大学""上海理工大学"等,需要用户在目录中手动勾选"电子科技大学"得到准确的检索结果,如图 2.8 所示。

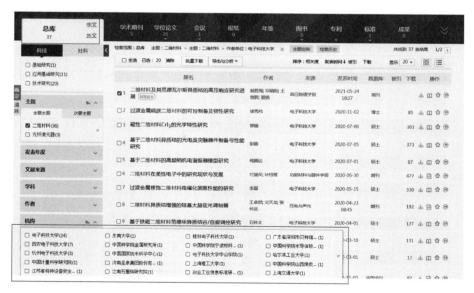

图 2.8 "结果中检索"结果页面

5）检索结果下载与分析

每篇文献都提供下载通道，单击下载标识即可下载，单击"批量下载"标识，可同时下载多个被选文献。另外，平台提供检索结果的"导出与可视化分析"，单击"导出与分析"标识，选择导出或者可视化分析。可视化分析包括针对所选文献的指标分析、总体趋势分析、关系网络（文献互引网络、关键词共现网络和作者合作网络）、分布（资源类型、学科、来源、基金、作者和机构）。图 2.9 为不同可视化分析的结果。

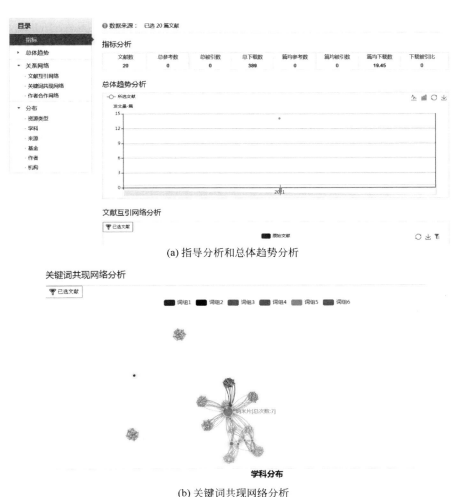

(a) 指导分析和总体趋势分析

(b) 关键词共现网络分析

图 2.9　不同可视化分析的结果页面

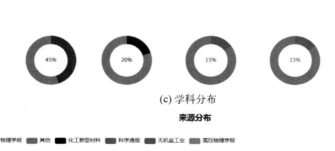

(c) 学科分布

(d) 来源分布

图 2.9 （续）

2. 一框式单库检索

1）第一种方式

进入 CNKI 首页，单击所要检索的资源库名称，即可进入相应单库检索页面。

【例 2-2】 需求：在学术期刊库里检索"石墨烯"这一主题相关的文献和报道。

检索过程：

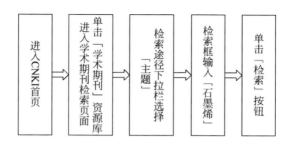

检索框输入"石墨烯"如图 2.10 所示。

图 2.11 为"石墨烯"主题单库检索结果页面。

图 2.10 检索框输入"石墨烯"

图 2.11 "石墨烯"主题单库检索结果页面

检索结果页面显示检索范围为"学术期刊",检索"石墨烯"主题的结果有 208 302 条。检索结果页面的布局与功能与一框式跨库检索结果页面相同,可实现检索结果的排序、文献浏览、下载以及分析等。

2) 第二种方式

在总库一框式检索的检索结果页单击单个资源库名称,即可得到相应单库检索结果。

图 2.12 为"石墨烯"主题总库检索结果页面。

单击"学术期刊"名称,单击"检索"按钮,即可得到"石墨烯"主题"学术期刊"单库检索结果页面,如图 2.13 所示。

可以看出,单库检索的两种方式所得到的检索结果是相同的,检索结果

图 2.12 "石墨烯"主题总库检索结果页面

图 2.13 "石墨烯"主题"学术期刊"单库检索结果页面

页面显示检索范围为"学术期刊","石墨烯"主题的结果有 208 302 条。检索结果页面的布局与功能与总库一框式跨库检索结果页面相同,可实现检索结果的排序、文献浏览、下载以及分析等。

3. 高级检索

前面已经介绍了 CNKI 的一框式跨库检索和单库检索,这两种检索方式都是限定一个检索条件进行的简单检索。此外,CNKI 平台还提供了"高级检索"模式,即对多种检索条件进行组合检索。与一框式检索相比,高级检索更具有针对性,检索结果更加全面。用户可以综合所知道的文献信息更加快速、精确地检索出预期的文献结果。通过以下两种方式可以进入高级检索页面。

(1) 第一种方式:如图 2.14 所示,在 CNKI 首页直接单击"高级检索"按钮,便可跳转至高级检索详细设置页面,如图 2.15 所示。

图 2.14　CNKI 首页高级检索按钮

图 2.15　高级检索详细设置页面

(2) 第二种方式:如图 2.16 所示,从一框式检索结果页面,单击"高级检索"按钮,便可以切换至高级检索页面,如图 2.17 所示。高级检索可提供对检索条件的"精确"和"模糊"两种模式,也可以限定时间范围显示检索结果。

【例 2-3】　需求:检索电子科技大学关于"二维材料"中的"石墨烯"材料的研究成果。

图 2.16 一框式检索结果页面

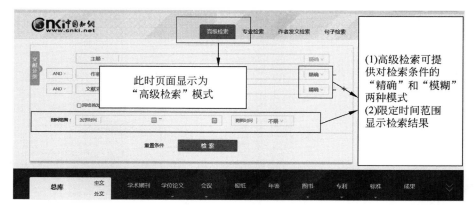

图 2.17 "高级检索"页面

检索过程：

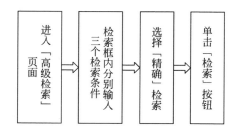

如图 2.18 为"石墨烯"高级检索页面。

如图 2.19 为"石墨烯"高级检索结果页面。

检索结果页面显示检索范围为"总库"，文献数量为 38 篇，均为电子科技大学学位论文。

第2章 科技文献检索

图 2.18 "石墨烯"高级检索页面

图 2.19 "石墨烯"高级检索结果页面

【例 2-4】 需求：检索关于"二维材料"中的"石墨烯"或者"MoS_2"的研究论文。

检索过程：

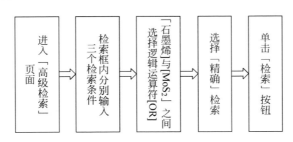

如图 2.20 为"石墨烯"或"MoS_2"检索页面。

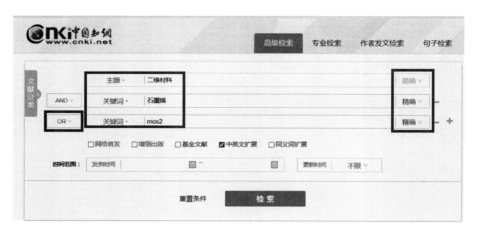

图 2.20　"石墨烯"或"MoS_2"检索页面

如图 2.21 为"石墨烯"或"MoS_2"的检索结果页面。

图 2.21　"石墨烯"或"MoS_2"检索结果页面

检索结果页面显示,在总库检索中,关于二维材料这一主题,针对"石墨烯"或者"MoS_2"的文献有 5004 篇。

高级检索的检索结果页面的布局与功能与总库一框式跨库检索结果页面相同,可实现检索结果的排序、文献浏览、下载以及分析等。

本节学习了利用 CNKI 的文献检索功能进行文献检索的方法,文献检索的目的不止于检索本身,更重要的是对检索结果的分析,快速、有效地从众多的文献中获取所需要的信息。

2.3 英文科技文献检索

本节主要以 Web of Science 数据库为例,对英文科技文献的检索进行介绍。

2.3.1 WOK、WOS、SCI 简介

WOK(Web of Knowledge)是一个基于 Web 构建的资源整合平台,它将高质量的信息资源、独特的信息分析工具和专业的管理软件无缝地整合到一起,兼具文献信息检索、提取、分析、评价、管理与发表等多项功能。

WOS(Web of Science)是 WOK 平台的核心资源,是全球最大、覆盖学科最多的综合性学术信息资源,收录了全球各个领域的高影响力的学术性期刊和重要的国际学术会议的文献,内容涵盖自然科学、工程技术、生物医学、社会科学、艺术与人文等领域。

Web of Science 数据库包含以下几个重要的子库,图 2.22 是 Web of Science 数据库页面。

图 2.22 Web of Science 数据库页面

Web of Science 核心合集是 Web of Science 数据的核心资源,美国科学信息研究所(Institute for Scientific Information,ISI)的著名的三个引文索引数据库就包含在其中,分别是科学引文索引扩展版(Science Citation Index Expanded,Expanded 或 SCIE)、社会科学引文索引(Social Science Citation

Index,SSCI)和艺术与人文科学引文索引(Arts & Humanities Citation Index,A & HCI)。

其中的 SCIE 数据库是 SCI(科学引文索引)的网络版。SCI 是当今世界上著名的检索性刊物之一,由 ISI 出版,收录了国际高水平期刊论文及摘要。它提供了科学技术领域最重要的研究信息,被全球学术界公认为最权威的科技文献检索工具。它目前收录自然科学领域 8 万多种国际性、高影响力的学术期刊,数据最早可以回溯到 1900 年。其内容涵盖了数学、物理学、化学与化工、地球科学、地质学、光学、信息与通信、计算机科学、环境科学与工程、稀土材料、机电工程、生命科学、机械工程及自动化、材料科学与工程等多个学科领域。并且其数据每周更新。

除了 Web of Science 核心合集以外,平台还提供其他多种数据库资源,比如以文件类型为重点的数据库 Derwent Innovations Index,以学科为重点的数据库 Medline,以及以源自世界各区域的内容为重点的数据库 Russian Science Citation Index、KCI Korean Journal Database 和 SciELO Citation Index 等多种数据库,满足用户多种检索需求。

2.3.2　Web of Science 文献检索方法

访问网站 http://webofknowledge.com,进入 Web of Science 数据库,如图 2.23 所示。检索范围可以是"所有数据库",也可以选择特定子数据库进行检索。

图 2.23　Web of Science 检索页面-选择数据库

Web of Science 分为基本检索(general search)、被引参考文献检索(cited references search)、高级检索(advanced search)三种检索方式,如图 2.24 所示。

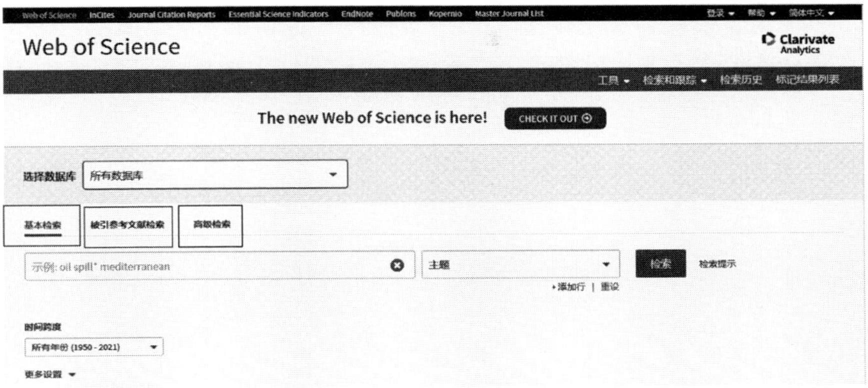

图 2.24　Web of Science 常用检索方式

这里主要介绍常用的"基本检索"以及"被引参考文献检索"两种检索方法。

1. 基本检索

在执行检索前,可以通过选择数据库、指定时间跨度等来限制检索结果以提高查准率。例如,可以选择"Web of Science 核心合集",单击"基本检索"按钮,选择时间跨度,即可在这一子数据库内执行基本检索,图 2.25 是 Web of Science 数据库基本检索页面。

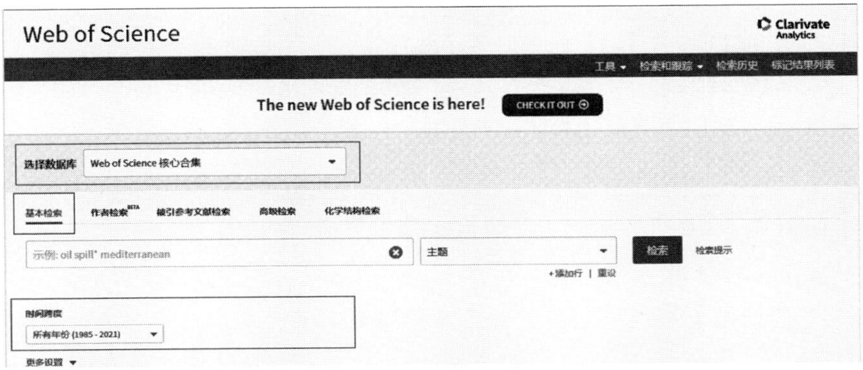

图 2.25　Web of Science 数据库基本检索页面

可以通过选择检索途径，在检索框中输入检索字段进行单字段简单检索，也可以单击"添加行"按钮，结合主题、作者、刊名和地址等多个检索途径进行多字段组合检索。下面通过例子介绍 Web of Science 的基本检索功能。

【例 2-5】 需求：在 Web of Science 核心合集子库中检索"2D material"这一领域的相关文献。

检索方法：

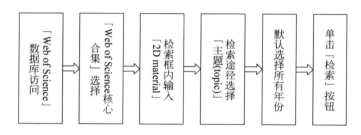

如图 2.26 为"2D material"的检索页面。

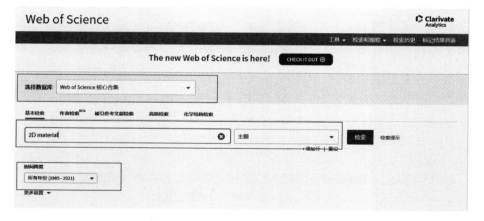

图 2.26 "2D material"的检索页面

如图 2.27 为"2D material"的检索结果页面。

检索结果分析：

1) 检索结果页面显示检索领域内的相关文献数量

Web of Science 核心合集内关于"2D material"的文献数量在检索当日为 51 540 篇。

第2章 科技文献检索 39

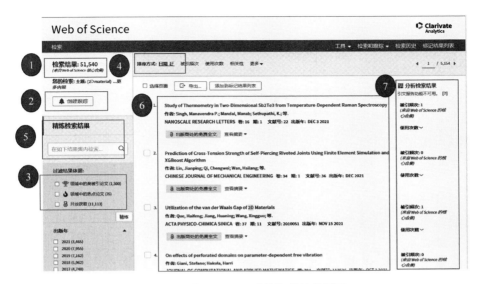

图 2.27 "2D material"的检索结果页面

2)可以创建跟踪

单击"创建跟踪"按钮,跳转到"保存的检索历史"对话框,用户可以在其中将所选记录保存为检索历史。同时订阅跟踪服务,检索历史可以保存为跟踪服务。此功能可以帮助用户跟踪某课题、作者或研究机构。这样,当有新的符合用户条件的论文被收录时,系统都会第一时间把这篇论文发到用户的邮箱中。

3)快速了解相关领域内的高被引论文和热点论文

Web of Science 强大的引文索引功能计算出所检索领域的高被引论文和热点论文,在检索结果页面左侧目录栏,勾选"领域中的高被引论文""领域中的热点论文",单击"精炼"便可以跳转到相应的文献列表页面,帮助用户快速了解领域的重要研究信息。

4)利用排序功能了解最具影响力的文章和作者

检索结果默认的排序选项是时间排序,同时提供多种排序方式,用户可以按照需要依据被引频次、使用次数、相关性等多种排序方式显示检索结果。比如,用户想找到高影响力的文章和最具影响力的作者可以选择"被引频次"排序,图 2.28 为检索结果按照被引频次排序后的页面。图 2.28 中,页面右上显示文献的被引次数为 11 023,单击该数,可看到引用该文献的全部施引文献，如图 2.29 所示为"Colloquium：Topological insulators"的全部施引文献，其中收录在 Web of Science 数据库中的有 10 732 篇，页面中显示了被收录的文献列表。

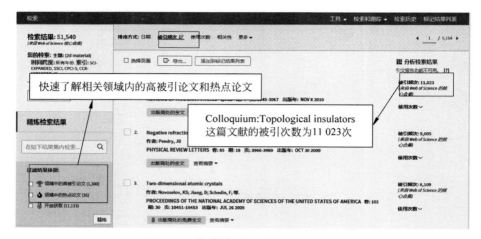

图 2.28　检索结果按照被引频次排序

图 2.29　"Colloquium：Topological insulators"施引文献列表

5）二次检索

在检索结果页面也可以精炼检索结果。检索框内输入检索内容字段进行二次检索，得到符合要求的文献结果。

【例 2-6】　需求：查看"2D material"这一主题中关于"MoS_2"材料的研究文献。

检索过程：在检索框内输入"MoS_2"，单击"检索"，即可得到检索结果。图 2.30 为"MoS_2"的检索页面。

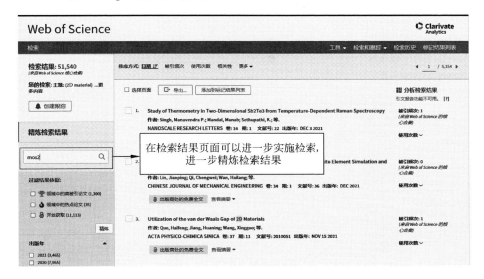

图 2.30　"MoS_2"的检索页面

图 2.31 为"MoS_2"的检索结果页面，"2D material"这一主题中关于"MoS_2"这一材料的研究文献数量为 5965 篇，其中该领域中的高被引论文有 346 篇，热点论文有 6 篇，可以开放获取的有 1378 篇。

图 2.31　"MoS_2"的检索结果页面

6）查看单篇文献信息

单击文献题目可跳转到文献的文摘页面。图 2.32 为文献 $Colloquium：Topological\ insulators$ 的详细信息。

图 2.32　文献 $Colloquium：Topological\ insulators$ 的详细信息

在这一页面可以查询到以下相关信息：

（1）了解该文献的摘要、作者等相关信息。

（2）了解该文献的被引用以及引用情况。单击被引次数以及引用文献的数量，便可以进入被引文献列表页面和该文献引用的文献列表页面。

（3）可以"创建引文跟踪"，可以收到系统发送的最新引用了这篇论文的文章。这个功能帮助用户及时地了解某个课题的最新进展。

（4）提供全文链接。部分文献可以在出版商处免费获取。

7）系统提供检索结果分析

单击"分析检索结果"可以进入结果分析页面，如此图 2.33 所示。可以按照主题、研究方向、作者等进行分类显示统计结果。比如，用户可以利用这一功能快速了解到这一领域内主要的研究机构和研究人员，帮助用户筛选出研究合作单位、合作人员、合适的审稿人等。

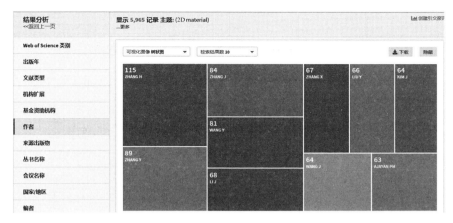

图 2.33　文献检索结果分析

除了上述单字段检索方式之外,基本检索模式下也可以多字段组合检索。

检索方法:访问 www.isiknowledge.com,选择"Web of Science"数据库,选择基本检索,单击"添加行"按钮,可显示多行检索框,如图 2.34 所示。

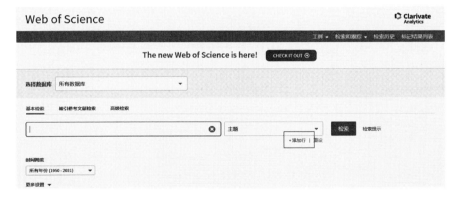

图 2.34　Web of Science 基本检索-组合检索页面

【例 2-7】　需求:在 Web of Science 核心合集子库中检索近 5 年"2D material"这一领域,关于"MoS_2"材料的相关文献。

图 2.35 为"MoS_2"组合检索设置页面。

如图 2.36 所示,在 Web of Science 核心合集子库中检索近 5 年"2D material"这一领域,关于"MoS_2"材料的相关文献数量为 1615 篇,其中高被引论文 38 篇,热点论文 2 篇,可以开放获取论文 314 篇。

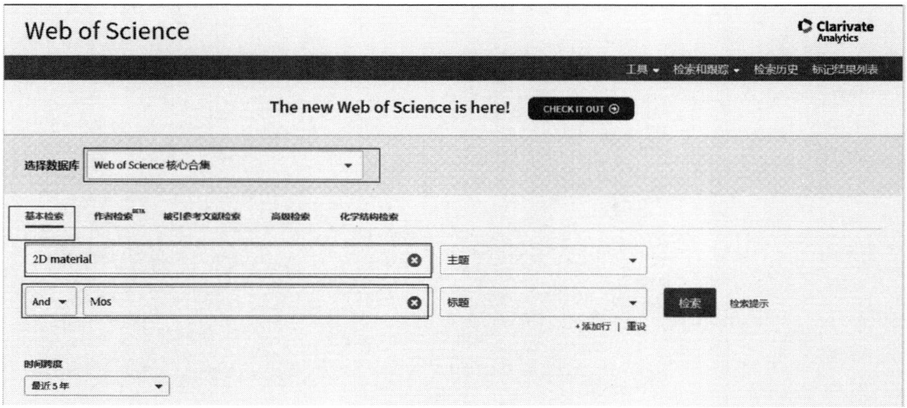

图 2.35 "MoS_2"组合检索设置页面

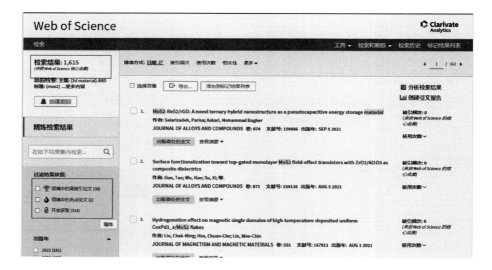

图 2.36 近 5 年"MoS_2"检索结果页面

2. 被引参考文献检索

Web of Science 收录了每一篇论文中所引用的参考文献,并按照被引用作者、出版处和出版年代编制成索引库。被引参考文献检索是将文章中的参考文献作为检索词,用于查找引用某篇文献的所有文献的一种检索方式。引文检索具有独一无二的功能,即从旧的、已知的信息中发现新的、未知的信息,检索它们的被引用情况,了解引用这些文献的论文所做的研究工作,以揭示科学研究之间的内在联系。

访问"Web of Science"数据库,选择"Web of Science 核心合集",单击"被引参考文献检索"按钮。图 2.37 为"被引参考文献"检索页面。

图 2.37 "被引参考文献"检索页面

【例 2-8】 需求:检索诺贝尔奖获得者 GEIM A K 的关于 Graphene 的综述文章 Random Walk to Graphene 被引用状况。

检索过程:

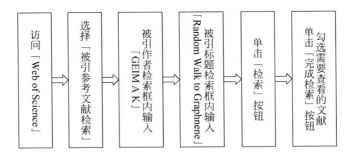

"Random Walk to Graphene"检索页面如图 2.38 所示。

"Random Walk to Graphene"检索结果页面如图 2.39 所示,在文献列表中列出了被引参考文献的出版年份、卷数以及施引次数等相关信息,单击"完成检索"即可完成检索。

图 2.38 "Random Walk to Graphene"检索页面

图 2.39 "Random Walk to Graphene"检索结果页面

2.4 学术搜索引擎

学术搜索引擎是以学术资源为对象的学术文献检索工具,是科研工作者获取文献信息,了解研究领域概况,以及学术评价的重要手段。常用学术搜索引擎有 Google Scholar(谷歌学术)、BSAE 搜索引擎、Scitopia 学术搜索引擎、读秀学术搜索等。本节主要以 Google Scholar 为例介绍如何使用学术搜索引擎检索文献。

Google Scholar 是 Google 推出的针对学术资源的免费搜索工具，能够帮助用户查找包括期刊论文、学术论文、书籍、文摘等多种学术文献。其学术资源主要来源于各大学网站、学术著作出版商（$Nature$、$Science$、万方、维普等）、预印本网站如 arXiv 等。同时，Google Scholar 提供多语种的搜索语言，方便用户搜索全球的学术文献信息。

2.4.1　Google Scholar 检索

访问 https://scholar.google.com/，进入 Google scholar 检索页面。检索页面默认一框式基本检索，可以在检索框内输入检索信息，单击"检索"按钮执行检索便可以进入检索结果页面。一框式基本检索页面如图 2.40 所示。

图 2.40　Google Scholar 页面

另外，检索页面提供高级检索功能，单击检索页面左上方 ≡ 标识，选择 "Advanced Search"，便可以进行高级检索，如图 2.41 所示。高级检索可以缩小检索的范围，提高查准率。

图 2.41　Google Scholar 高级检索页面

如图 2.42 所示,高级检索页面有多个检索行,可以设定多个检索条件。

图 2.42　Google Scholar 高级检索设置页面

下面通过例子了解 Google Scholar 的一框式基本检索和高级检索这两种检索方法。

1. 一框式基本检索

如果想要搜索某一篇特定的文章,则可以在检索框内文献的完整标题执行检索;如果想要了解某个领域或某个科研工作者的研究情况,则可以在检索框内输入相关的关键词,如作者、领域名称、特定材料名称等。

【例 2-9】　需求:搜索诺贝尔获得者 Andre Geim 的 *Random Walk to Graphene* 这篇文章。

检索过程:如图 2.43 所示,在检索框内输入文章标题,执行检索便可以进入这一文章的列表页面。

图 2.43　"Random Walk to Graphene"检索页面

检索结果：如图 2.44 所示，Google Scholar 检索到的关于 *Random Walk to Graphene* 这一文献的信息。

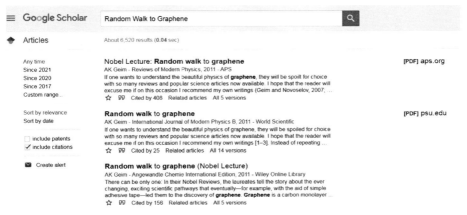

图 2.44 "Random Walk to Graphene"检索结果页面

【例 2-10】 需求：查找诺贝尔获得者 Andre Geim 发表的关于 Graphene 这一材料的研究文献。

检索过程：在检索框内输入"Andre Geim"和"Graphene"这两个关键词，执行检索，检索结果如图 2.45 所示。

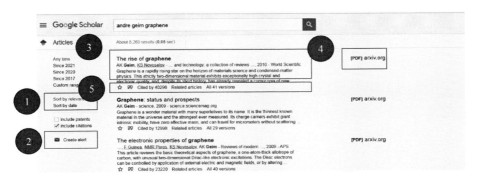

图 2.45 "Andre Geim"和"Graphene"检索结果页面

检索结果分析：

1) 结果排序

Google Scholar 默认按照相关性对搜索结果进行排序，最相关的信息显示在页面最上方，相关性会考虑文章的作者、出版者知名度和文献引用量等。文章越出名,其学术价值就越高,排序就越靠前。另外,用户也可以按照时间排序选择优先看最近的文献。

2) 设置文献追踪

这一功能可以帮助用户追踪所关注领域的研究进展。单击"Create Alert"填写接收热点快报的邮件地址,确认"CREATE ALERT"完成设置,如图 2.46 所示。一旦有符合用户搜索条件(关键词)的新文献出现,系统将新更新的文献发送到用户所预留的邮箱中。

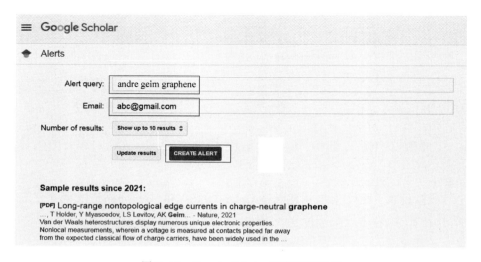

图 2.46　Google Scholar 文献追踪设置

3) 关键信息

检索结果页面显示文献的作者、登载的期刊书籍、出版年份、出版商以及文章的部分摘要等关键信息。单击文章标题即可跳转到该文章的详情页面,可以查看到文章的详细摘要或是 pdf 下载以及预览,如图 2.47 所示。

4) 全文链接

部分文章在搜索结果页面的右边有 Google Scholar 检索到的全文链接(PDF 或 HTML),单击就可查看全文。

5) 其他功能

检索页面还提供以下功能:

(1) 单击"☆"按钮可以将文章收藏到 Google Scholar 的"My Library"里,方便用户随时查看。

第2章 科技文献检索 51

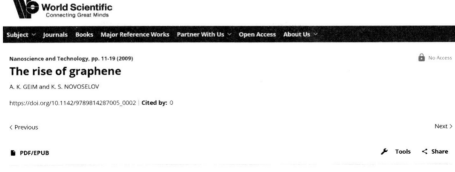

图 2.47　期刊论文详情页面

（2）单击"99"按钮，系统将会提供该文章的引用格式，如图 2.48 所示。

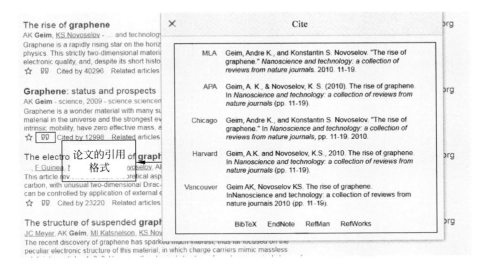

图 2.48　论文引用格式页面

（3）显示该文章的引用数（cited by）方便用户了解文章的引用情况，提供相关文章（related articles）链接，帮助用户了解更多领域的研究状况。

2.4.2 高级检索

高级检索与基本检索相同之处是用户需要在检索框内输入检索的关键词，不同之处是，高级检索提供了更多的检索途径，可以指定"作者""出版物"、限定"出版时间"等，进而缩小搜索范围，从而得到更加精确的检索结果，如图 2.49 所示。

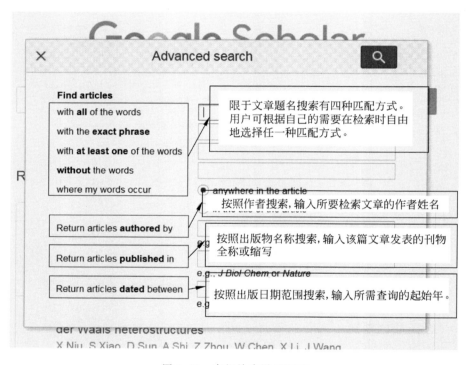

图 2.49　高级检索设置页面

【例 2-11】 需求：查找新加坡南洋理工大学 Zheng Liu 教授在 *Nature* 系列期刊上发表的关于"2D Materials"的相关文献。

检索过程：按照图 2.50 所示输入检索关键词执行检索。

检索结果如图 2.51 所示，单击文献标题便可以跳转至该文献的页面查看文献的详情。页面功能与前面所讲的基本检索的检索结果页面相同。

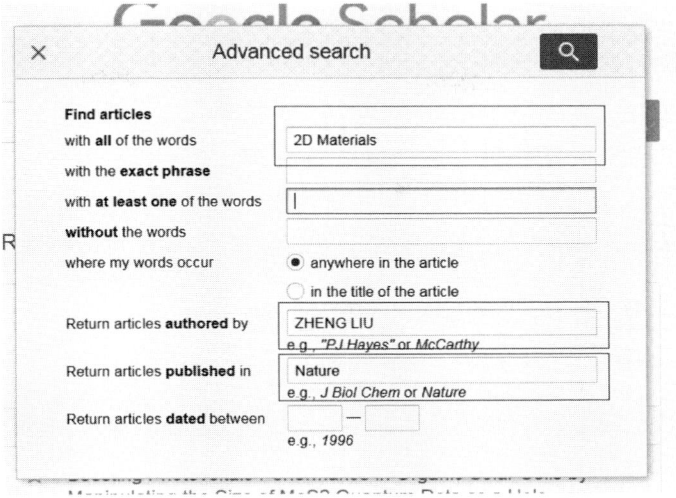

图 2.50　输入关键词进行检索页面

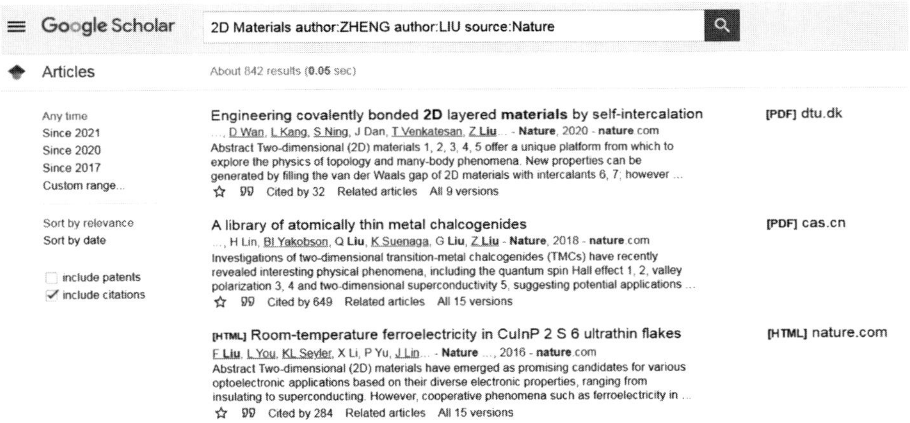

图 2.51　检索结果页面

2.5　文献管理与订阅

2.5.1　文献管理软件

　　文献管理软件通过建立、管理、存储和输出用户的文献题录资料，帮助用户高效搜索及科学管理文献资源，进而方便学术研究。国内开发的常用的文献管理软件有 NoteExpress 和 NoteFirst，国外有 Endnote、Reference Manager 以及 Mendeley 等。

本节以 NoteFirst 为例介绍文献管理软件的基本功能。NoteFirst 是一款网络版文献管理软件，它可以实现文件管理、文献收集、论文中参考文献的自动形成、参考文献自动校对、免费科技文献等功能，如图 2.52 所示。用户可以免费下载使用，使用高级功能需要付费。

图 2.52　NoteFirst 功能介绍

下面具体介绍 NoteFirst 的文献管理功能。

图 2.53　NoteFirst 文献管理文件夹创建

第一步：新建管理文件夹。

根据文献的关键词等进行分类，建立相应文件夹。新建"二维材料"文件夹如图 2.53 所示。

第二步：文献（题录）的导入。

文献（题录）的导入有以下三种方式：

（1）通过快捷工具栏的"新建题录"来实现；

（2）通过导入文件提取文献信息；

（3）直接导入题录。

以直接导入题录为例，首先从期刊网页下载

对应期刊的题录文件；然后单击快捷工具栏"导入题录"，选择下载的题录文件，如图 2.54 所示。

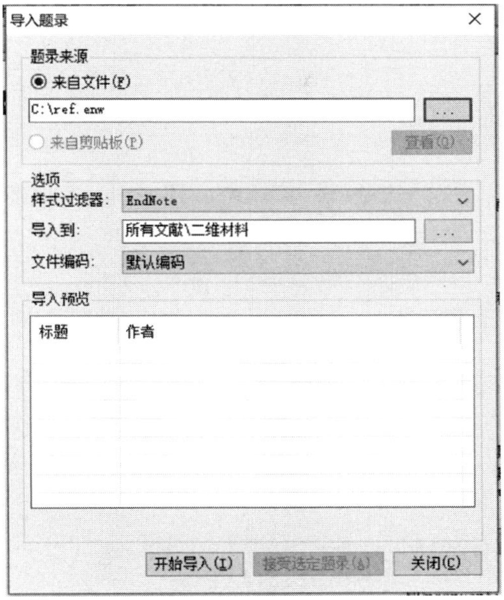

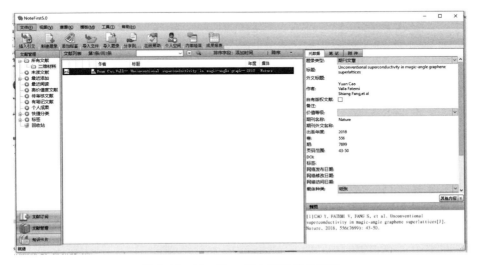

图 2.54　NoteFirst 导入题录页面

单击"开始导入"及"接受选定题录"按钮，导入成功，如图 2.55 所示。

图 2.55　NoteFirst 导入题录结果页面

第三步：文献导入完成之后，就可以对文献进行分类、管理等。

NoteFirst 另外一个重要的功能就是在论文写作的过程中插入特定格式的参考文献条目。NoteFirst 安装之后，会在 Word 中加载插件，提供参考文献生成的功能。向 Word 插入参考文献的方法有三种：

（1）通过 Word 插件插入引文：把光标放到要插入引文处，再在 NoteFirst 客户端中先选定要插入的引文，之后在 Word 中单击"引文插入"。

（2）通过右键菜单选项插入引文：把光标放在插入引文处，再在 NoteFirst 客户端中先选定要插入的引文。

（3）利用鼠标在文本选定位置后，再在 NoteFirst 客户端中选定要插入的引文，单击快捷工具栏中的"插入到 Word"。

引文插入之后，会在文章自动插入引文标记，并在文后形成参考文献列表。

NoteFirst 的功能还包含团队协作、期刊 RSS(Really Simple Syndication)订阅、主题订阅等，感兴趣的读者可以参考软件用户使用手册进行了解。

2.5.2　文献订阅介绍

快速了解并获得期刊的最新发表论文，是掌握最新研究进展的重要途径，下面介绍一些及时了解期刊最新文章的方法，包括 RSS 订阅、Researcher 应用及知网学术快报。

1. RSS 订阅

RSS 是在线共享内容的一种简易方式，一种描述和同步网站内容的格式。使用 RSS 订阅，用户可以快速获取所关注的期刊网站的最新内容。现在的学术论文基本都具有 RSS 订阅的功能。简单来说，RSS 就是一个网址，学术期刊把最新发表文章的摘要等信息推送到 RSS 网址上，用户不需要逐个打开期刊网站查看，便可以及时批量获取最新文献的研究进展。RSS 订阅需要通过利用 RSS 阅读器订阅相关 RSS feed 来实现。下面以 Feedly 阅读器为例介绍如何实现 RSS 订阅。

订阅期刊一般是用于追踪期刊最新发表的文献，绝大多数期刊都会提供 RSS 订阅链接，期刊的 RSS 订阅标志一般在官网首页就能找到。以 *Nature* 为例进行介绍：

第一步：访问网站 https://feedly.com/，进入 Feedly 官网页面，如图 2.56 所示。

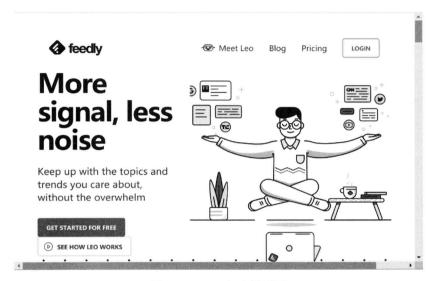

图 2.56　Feedly 官网页面

第二步：单击官网右上角 LOGIN 按钮进行账号注册以及登录。登录后页面如图 2.57 所示。

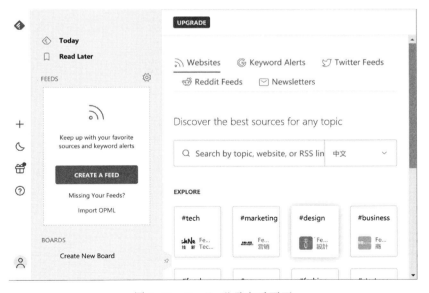

图 2.57　Feedly 登录之后页面

第三步：检索框内输入关键词或者 RSS 源，如输入"Nature"，执行检索。检索结果如图 2.58 所示。单击 FOLLOW 按钮即可添加成功，如图 2.58 所示。

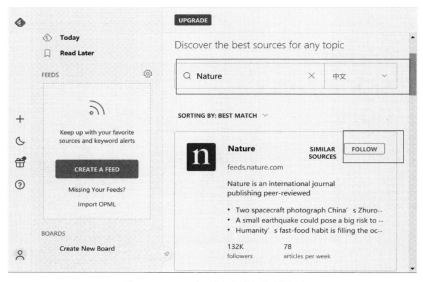

图 2.58　Feedly 添加订阅期刊页面

这样就可以随时查看 Nature 期刊更新的论文，如图 2.59 所示。

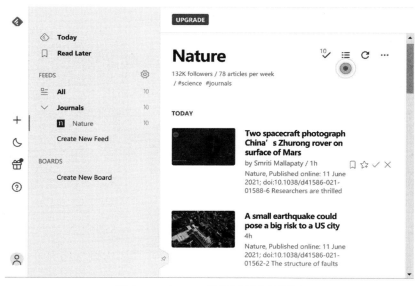

图 2.59　Nature 期刊更新文献页面

2. 通过在期刊官网获得 RSS 源直接添加

下面以 *Science* 网站为例进行介绍。

第一步：访问网址 https://www.sciencemag.org/，登录 *Science* 期刊官网。

第二步：在网页最底端找到 RSS 图标""，如图 2.60 所示，单击该图标进入官网 RSS 链接页面，如图 2.61 所示。

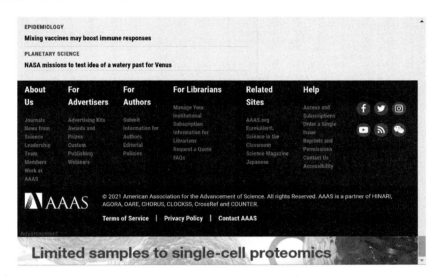

图 2.60 *Science* 期刊官网页面底端

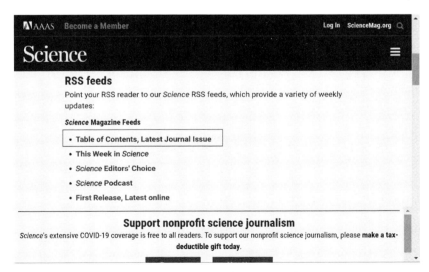

图 2.61 *Science* 期刊官网 RSS 链接页面

第三步：在 *Science* 期刊官网 RSS 链接页面（图 2.61），单击 Table of Contents，Latest Journal Issue，即可进入 RSS 链接详情页面，如图 2.62 所示。

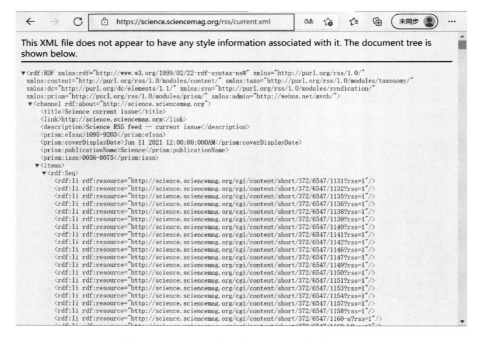

图 2.62　*Science* 期刊官网 RSS 链接详情页面

第四步：复制网址 https://science.sciencemag.org/rss/current.xml，粘贴到 feedly。

近几年也出现一些新的学术文献阅读手机应用可以实现对最新文献的追踪和阅读，如国外的 Researcher 应用以及知网开发的全球学术快报应用。这类 App 通过订阅相关的期刊，能够实现文献的实时更新与查阅。这两款 App 的具体使用方法可以参考软件使用说明，在此不再赘述。

2.6　期刊与论文评价

本节主要介绍关于期刊的影响因子、期刊分区及论文评价体系等相关内容。

2.6.1 期刊引证报告及影响因子

期刊引证报告(Journal Citation Reports,JCR)是 1975 年美国科学情报研究所(Institute for Scientific Information,ISI)发布的一个多学科期刊评价工具。通过对参考文献的标引和统计,JCR 可以在期刊层面衡量某项研究的影响力,显示出引用和被引期刊之间的相互关系。图 2.63 为 JCR 网站上关于 *Nature* 期刊的相关信息页面。

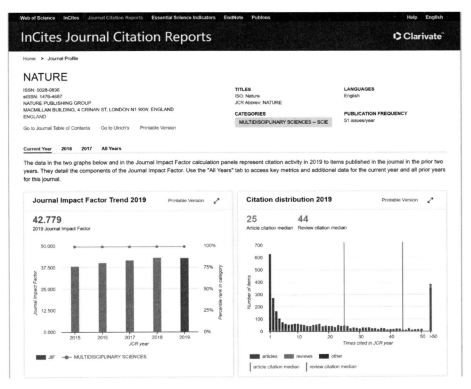

图 2.63　JCR 网站 *Nature* 期刊详情页面

影响因子(Impact Factor,IF)是《期刊引用报告》上的一项重要期刊指标,是测度期刊有用性、显示度以及期刊的学术水平乃至论文质量的重要指标,是目前国际上通用的期刊评价指标。IF 的计算公式如下:

$$IF = \frac{该期刊过去两年发表的论文在当前 JCR 年的总被引次数}{该期刊在过去两年发表的论文总数}$$

以 Nature 期刊为例,2017 年 Nature 发表的论文数量为 838 篇,在 2019 年的被引次数为 40 796 次;2018 年 Nature 发表的论文数量为 904 篇,在 2019 年的被引次数为 33 725 次。可以得知,Nature 在 2017—2018 年发表的论文在 2019 年的总被引用次数为 74 521 次,2017—2018 年发表的论文总数为 1742 篇,通过上述公式可以得出 Nature 在 2019 年的影响因子:

$$\text{IF} = \frac{74\ 521}{1742} \approx 42.779$$

即 2017—2018 年发表在 Nature 上的每篇论文在 2019 年平均被引 42.799 次。图 2.64 为 2021 年 6 月发布的 2020 年影响因子排名前 10 的期刊。

期刊排名	期刊名称	总引用次数	影响因子
1	CA-A Cancer Journal for Clinicians	55 868	508.702
2	Nature Reviews Molecular Cell Biology	58 477	94.444
3	New England Journal of Medicine	464 351	91.245
4	Nature Reviews Drug Discovery	41 989	84.694
5	Lancet	369 601	79.321
6	Nature Reviews Clinical Oncology	17 973	66.675
7	Nature Reviews Materials	19 887	66.308
8	Nature Energy	28 166	60.858
9	Nature Reviews Cancer	62 391	60.716
10	Nature Reviews Microbiology	43 313	60.633

图 2.64　2020 年影响因子排名前 10 的期刊

一般来说,影响因子与以下四方面的因素密切相关。

(1) 学科热门程度。热门研究领域的期刊的影响因子远高于冷门研究领域。比如,医学领域的顶级期刊《新英格兰医学杂志》(New England Journal of Medicine),2020 年的影响因子高达 91.245,远远高于数学领域的顶级期刊《数学年鉴》(Annals of Mathematics),其 2020 年的影响因子仅为 5.246。

(2) 期刊的发文数量。同一领域,由于期刊发文量的区别,影响因子也会大不相同。比如,同为化学领域顶级期刊的《自然·化学》(Nature Chemistry) 和《美国化学会志》(Journal of the American Chemical Society) 在发文数量方面具有较大差别。《自然·化学》2018 年的发文数量为157篇,2019年影响因子高达21.687,而《美国化学会志》2018年的发文数量为2417篇,2019年的影响因子仅为14.612。

(3) 期刊发文类型。比如,物理学领域的顶级综述类(Review)期刊《现代物理综述》(*Reviews of Modern Physics*),2019年影响因子高达45.049,远高于物理学领域的顶级原创研究类(Original Research)期刊《物理评论快报》(*Physical Review Letters*),2019年影响因子仅为8.385。

(4) 论文的发表语言。中文期刊的影响因子普遍偏低,比如《无机材料学报》,2020年影响因子仅为1.041,低于同领域SCI期刊。

2.6.2 期刊分区

期刊的影响因子每年不断浮动,而且不同学科领域期刊的影响因子差异性比较大,给直接依据影响因子直观地比较不同领域的期刊带来了困难。为此,需要对相应年度的期刊引证报告中SCI期刊根据不同的学科,主要依据其影响因子进行分区,从而对期刊的整体水平进行区分。目前主流的分区方法有两种:一种是科睿唯安发布的JCR分区表;另一种是中国科学院文献情报中心中国科学院分区表。这两种分区方式均基于SCI收录期刊影响因子,但是也有许多不同之处。下面对这两种分区分别进行介绍。

JCR分区按照学科进行,把某一个学科的所有SCI期刊都按照上一年的IF降序排列,然后平均4等分(各25%),分别是Q1(1%～25%)、Q2(26%～50%)、Q3(51%～75%)、Q4(76%～100%)4个分区(图2.65(a))。

中国科学院分区是由中国科学院文献情报中心科学计量中心制作,将SCI期刊按照所属领域分为大类和小类学科,再将同一学科的所有期刊按照三年平均IF降序排列,分为一区(1%～5%)、二区(6%～20%)、三区(21%～50%)、四区(51%～100%)4个分区(图2.65(b))。需要注意的是,在中国科学院分区里,一本期刊只可属于一个大类学科,却可以属于多个不同的小类学科。例如,期刊*Advanced Materials*只属于"工程技术"的大类学科,但具体可进一步细分为5个小类学科。

JCR分区与中国科学院分区的比较如下:

(1) 分类方式:JCR分区只有一种学科分类方式;中国科学院分区采取大小类的分类方式,小类与汤森路透JCR分区的学科保持一致。

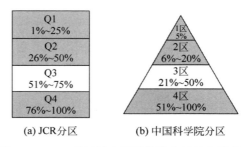

图 2.65　JCR 分区及中国科学院分区标准示意图

(2) 分区阈值：JCR 分区的 Q1 阈值为 25%；中国科学院分区的一区阈值为 5%。如 *Chemical Science* 期刊，在 JCR 分区中位列化学综合类 (Chemistry, Multidisciplinary) Q1 区；而在科学院分区中位列大类化学一区，小类化学综合类二区。

(3) 影响因子：JCR 分区主要依据 SCI 期刊的前一年的 IF 对期刊进行排序；中国科学院分区主要依据 SCI 期刊的 3 年平均 IF 对期刊进行排序。

除了上述两种分区，最近中国科学技术协会又推出了一种新的分区方式——T 级分区。2019 年 7 月，教育部、科技部等四部委联合印发了《关于深化改革培育世界一流科技期刊的意见》，明确提出要遴选发布高质量科技期刊分级目录，形成全面客观反映期刊水平的评价标准。中国科学技术协会自 2018 开展了高质量科技期刊分级目录发布工作。遵照同行评议、价值导向、等效应用原则，国内各大学会、协会、组织机构通过科技工作者推荐、专家评议、结果公示等规定程序，形成了本领域科技期刊分级目录的初步结果：每个学科领域的期刊分为 T1 级、T2 级和 T3 级，T1 级表示已经接近或具备国际一流期刊，T2 级是指国际知名期刊，T3 级是指业内认可的较高水平期刊。读者可以关注 T 级分区的最新进展情况。

2.6.3　基本科学指标及论文评价

基本科学指标（Essential Science Indicators，ESI）是基于 Web of Science 数据库而建立的，是目前世界范围内评价高校、科研机构、国家/地区学术水平和影响力的重要评价工具之一。

通过 ESI 可以实现：

(1) 确定具体研究领域中的研究成果和影响。ESI 设置的 22 个学科，包括农业科学、生物学和生物化学、临床医学、计算机科学、空间科学、经济和管理学、环境科学/生态学、地球科学、材料科学、数学、微生物学、分子生物学和遗传学、多学科、神经科学和行为科学、药理学和毒理学、物理学、植物学和动物学、免疫学、精神病学/心理学、社会科学、工程学、化学学科领域。研究人员可以系统和有针对性地分析国际科技文献，从而了解著名的科学家、研究机构(或大学)、国家(或地区)和学术期刊在某一学科领域的发展和影响，分析机构、国家和期刊的论文产出和影响力。

(2) 按研究领域对国家、期刊、论文和机构进行排名。

ESI 对全球所有高校及科研机构的 SCIE、SSCI 库中近 11 年的论文数据进行统计，按被引频次的高低确定出衡量研究绩效的阈值，分别排出居世界前 1% 的研究机构、科学家、研究论文，居世界前 50% 的期刊、国家/地区和居前 0.1% 的热点论文。

如果一所机构在某学科的被引频次位于全球所有机构的前 1%，则称该机构的某学科为全球前 1% 学科。比如，根据 2020 年 7 月份 ESI 发布的数据，电子科技大学"工程学""材料科学""物理学""计算机科学""化学""神经科学与行为""生物学与生物化学""数学"及"临床医学"等学科进入 ESI 前 1% 的学科。其中"工程学""计算机科学"两个学科分别位列全球第 56 位和第 32 位，即分别位于 ESI 前 0.35‰ 和 0.64‰，稳居在 1‰ 以内。

ESI 高水平论文(Top Paper)是 ESI 的一项重要指标，通常代表着相关学科领域的研究前沿和热点，在指引学科发展、体现学术成果影响力方面具有重要意义。高水平论文是高被引论文和热点论文取并集后的论文集合。高被引论文是指最近 10 年的引文数据中同学科同年度中被引次数排在前 1% 的论文。高被引论文可帮助锁定某一学科领域中的突破性研究，并在 Web of Science 核心合集数据库中用来甄别最具影响力的学术论文。热点论文是指 ESI 学科中某一学科领域内最近两年发表的论文中，最近两个月内被引次数排在前 0.1% 的论文。

(3) 通过 ESI，科学工作者可以发现自然科学和社会科学中的重大发展趋势；评估潜在的合作机构，对比同行机构；科研管理人员也可以利用该资源找到影响决策分析的基础数据等。

2.7 本章小结

本章主要对文献检索的基本概念进行了简要介绍,重点介绍了中外文文献检索方法以及常用搜索引擎功能,对文献订阅以及文献管理的相关软件进行了简要介绍;对期刊的影响因子、分区以及论文评价指标等基本概念进行了说明。

习题

1. 练习使用 CNKI、Web of Science 以及 Google Scholar 进行文献检索。

请选择自己感兴趣的 2 个或 3 个关键词作为检索词,检索相关中英文文献,并且对检索结果进行简单分析。

2. 练习使用期刊管理软件。

下载安装 NoteFirst,完成针对文献管理相关功能的练习。

第3章

科技论文构成与文献查阅

本章学习目标
- 熟悉科技论文的构成；
- 理解各组成部分的特点和要求；
- 掌握科技论文的高效阅读方法。

本章首先介绍科技论文的类型及构成，其次详细介绍各个组成部分的特点和要求，最后介绍不同研究阶段阅读科技论文的方法。

3.1 科技论文的类型

科技论文主要分为原创性和非原创性论文，其中，原创性论文主要有全文和通讯，非原创性论文常有综述和评论等，如图 3.1 所示。

3.1.1 全文和通讯

全文(Article 或 Full Paper)和通讯(Communication 或 Letter)是原创性科技论文的两种类型(图 3.1)，它们具有相同点，也有不同点，接下来分别予以介绍。

1. 相同点

原创性论文的核心要求是想法新颖(Original)，数据未发表。

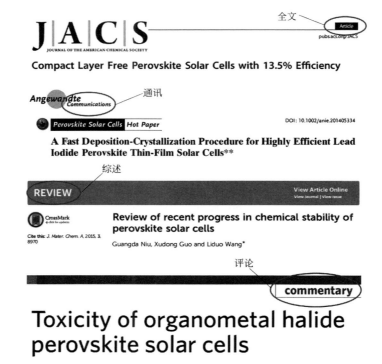

图 3.1　科技论文的四种类型

1) 想法新颖

想法是原创性论文的灵魂，直接决定了论文的档次。想法新颖，容易产生原创成果，引起同行关注。尤其是一个领域的开创性论文，即使数据不完整、不系统，也可能发表在权威期刊上，得到科研人员的广泛关注，成为这一领域的经典论文。下面以钙钛矿太阳能电池领域的第一篇论文为例，如例 3-1 所示，让读者更深刻地理解想法的重要性。

【例 3-1】　钙钛矿太阳能电池是目前光伏领域冉冉升起的一颗新星，在短短十几年的时间里，功率转换效率已经突破 25%，接近第一代单晶硅太阳能电池的效率。不过，第一篇钙钛矿太阳能电池的论文发表于 2009 年，所报道的器件效率只有 3.81%，而且由于用到了有机电解液，器件的稳定性很差。单晶硅太阳能电池的效率早在 1985 年就已达到 20%，相比之下，首次报道的钙钛矿太阳能电池性能非常差。尽管如此，这项工作凭借其独创性的想法发表在化学领域的顶尖学术期刊

JACS(*Journal of the American Chemical Society*,美国化学会志)上,到目前为止已经被引用了 11 000 多次。论文的通讯作者日本桐荫横滨大学的宫坂力(Tsutomu Miyasaka)教授,也凭借这篇文章成为钙钛矿太阳能电池领域的开创者和奠基人。2017 年,宫坂力与韩国的朴南圭(Nam-Gyu Park)以及英国的亨利·斯内斯(Henry J. Snaith)教授一同获得素有"诺奖风向标"之称的科睿唯安"引文桂冠奖"。因此,创新永远是一篇文章的核心和灵魂,体现了文章的价值和影响力。

2)数据未发表

原创性论文中的所有数据(如图、表格等)通常都是没有发表过的,如果一定要用到已经发表过的数据,在获得重印这些数据的许可后,方可使用。作者在投稿或者论文即将被接收时,期刊往往会要求作者签署版权转让协议(Copyright Transfer Agreement),将作者对论文的所有权转让给期刊出版商。因此,在复制、重印或者再次发布已出版论文的部分或全部内容时,需要获得期刊出版商的许可,并注明版权归出版商所有,如例 3-2 所示。

【例 3-2】 某位研究生连续做了几个相关联的工作,如工作 A 和工作 B。其中,工作 A 已发表了一篇论文 1,工作 B 在撰写论文 2 时发现已发表的论文 1 的某张图很有用,请问能不能把这张图原封不动地复制到论文 2 里?如果不能,遇到这种情况该如何解决呢?

答案是不能直接将这张图复制到论文 2 里。虽然论文 1 是这位研究生发表的,前面提到论文一旦发表,版权通常已经由作者转让给了出版商。因此,遇到这种情况有三种解决方法:①联系出版商,获得这张图片的使用许可,然后在论文 2 中引用论文 1,并注明版权归出版商所有;②重做一遍论文 1 中那张图所对应的实验,看获得的数据是否有所不同,只要与论文 1 中已发表的数据不完全一样,就可以使用新数据;③不使用论文 1 中的那张图,直接引用其结论。

2. 不同点

全文和通讯作为原创性论文的两种类型,需要满足想法新颖、数据未发表的要求。不过,二者在篇幅长度、审稿周期以及新颖性要求上有所差别。

1) 篇幅长度

全文型论文的篇幅长，数据多，解释全面，故事性完整，期刊对全文型论文的篇幅和字数一般没有限制。通讯型论文的篇幅短，数据不多，通常只展示核心数据，解释也不全面，期刊对通讯型论文的篇幅或字数会有限制。有些期刊只接受通讯型论文，比如物理领域的顶尖学术期刊《物理评论快报》(*Physics Review Letters*)，并对文章的字数进行限制，不超过 3750 字。

2) 审稿周期

全文型论文由于篇幅长，审稿周期一般较长（2～4 周）。通讯型论文的一个重要特点是快速发表，所以审稿周期较短（小于 2 周）。快速发表的原因是作者认为论文的想法非常新颖或者数据非常漂亮（如钙钛矿太阳能电池的效率世界第一），通过尽快通报引起同行关注，这个时候就可以只放一些核心数据，并写成短文，以通讯的形式发表。

3) 新颖性要求

通讯型论文由于篇幅短，数据不多而且需尽快发表，期刊对这类论文的想法新颖性和工作重要性会提出更高的要求。作者在投稿时，需要在投稿信(Cover Letter)中说明为什么工作适合通讯类的论文形式，并强调工作的重要性以及尽快发表的原因。如果工作的新颖性和重要性不是非常突出，建议补全数据，写成全文型论文。这样，审稿人在评审论文时，会考虑到全文型论文数据多、工作量大的优点，适当降低对想法新颖性的要求，从而更有助于论文的接收，如例 3-3 所示。

【例 3-3】 标题为 *Not All That Glitters Is Gold：Metal-Migration-Induced Degradation in Perovskite Solar Cells*(《不是所有发光的都是金子：钙钛矿太阳能电池中金属迁移诱导的降解》)的论文以全文的形式发表，整篇论文共 9 页，5 幅图和 1 张表，篇幅较长，数据较多，想法也比较新颖。

第一篇钙钛矿太阳能电池的论文 *Organometal Halide Perovskites as Visible-Light Sensitizers for Photovoltaic Cells*(《有机金属卤化物钙钛矿作为光伏电池的可见光敏化剂》)以通讯的形式发表，整篇论文只有 2 页，2 幅图和 1 张表，篇幅很短，数据也比较少，但想法非常新颖，是钙钛矿材料用于光伏领域的第一篇论文。

3.1.2 综述和评论

综述(Review)和评论(Comments 或 Commentary)是非原创性科技论文的两种类型。它们的相同点为都是非原创性工作，针对的都是已发表的论文。接下来，对这两种类型的科技论文分别予以介绍。

1. 综述

综述性论文是对某一学科、专业或专题的大量文献进行整理筛选、分析研究和综合提炼而成的一种学术论文，是高度浓缩的文献产品。由于每个领域的文献都很多，而且每天的更新速度很快，这就需要有人就某个主题对近期发表的论文进行整理、筛选、分析和凝练，然后以一定的逻辑顺序加以总结，写成综述的形式。这样，读者只需阅读这篇综述就可以了解这一主题的最新研究进展，而无须把涉及的所有论文都阅读一遍，大大节省了时间。综述可分为综合性综述和专题性综述。综合性综述以一个学科或专业为对象，而专题性综述则以一个论题为对象。

【例 3-4】 图 3.2 是题为《钙钛矿太阳能电池：一项新兴的光伏技术》的综述。

Perovskite solar cells: an emerging photovoltaic technology

Nam-Gyu Park

School of Chemical Engineering and Department of Energy Science, Sungkyunkwan University (SKKU), Suwon 440-746, Republic of Korea

Perovskite solar cells based on organometal halides represent an emerging photovoltaic technology. Perovskite solar cells stem from dye-sensitized solar cells. In a liquid-based dye-sensitized solar cell structure, the adsorption of methylammonium lead halide perovskite on a nanocrystalline TiO_2 surface produces a photocurrent with a power conversion efficiency (PCE) of around 3–4%, as first discovered in 2009. The PCE was doubled after 2 years by optimizing the perovskite coating conditions. However, the liquid-based perovskite solar cell receives little attention because of its stability issues, including instant dissolution of the perovskite in a liquid electrolyte. A long-term, stable, and high efficiency (~10%) perovskite solar cell was developed in 2012 by substituting the solid hole conductor with a liquid electrolyte. Efficiencies have quickly risen to 18% in just 2 years. Since PCE values over 20% are realistically anticipated with the use of cheap organometal halide perovskite materials, perovskite solar cells are a promising photovoltaic technology. In this review, the opto-electronic properties of perovskite materials and recent progresses in perovskite solar cells are described. In addition, comments on the issues to current and future challenges are mentioned.

图 3.2 综合性综述示例

例 3-4 总结的是钙钛矿太阳能电池这个领域,包括钙钛矿材料的光电特性、钙钛矿太阳能电池的最新进展以及目前和将来这一领域所存在的挑战性问题,所以是一篇综合性综述。

【例 3-5】 图 3.3 是题为《钙钛矿太阳能电池化学稳定性的最新进展》的综述。

图 3.3 专题性综述示例

例 3-5 总结的是钙钛矿太阳能电池的稳定性问题,包括钙钛矿太阳能电池化学稳定性与外界环境(氧、潮湿、紫外光照、溶液制备、温度)的关系以及可能的解决方法,属于一个论题,或称为小领域(领域内的一个小方向),是一篇专题性综述。

综述通常只是客观的总结,作者不会对所总结的文献发表自己的观点和看法。综述的结尾为结论和展望部分,作者会站在一定的高度对整个大领域或小领域做出展望,提出领域内存在的问题以及可能的解决方法,并展望该领域未来的发展和应用方向。依赖于所总结文献的范围和数量,综述的篇幅从几页到上百页均可。

2. 评论

综述和评论针对的都是已发表的论文,看似很像,但二者有本质上的区别。综述只是客观地总结别人的工作，不发表作者自己的看法。而评论恰好相反，主要发表作者自己的观点。评论的对象可以是某个研究领域，或者某篇文章，可以赞扬和宣传某篇文章，也可以质疑某篇文章，包括质疑文章的理论、数据和解释等。

【例 3-6】 图 3.4 是题为《有机金属卤化物钙钛矿太阳能电池的毒性》的评论。

commentary

Toxicity of organometal halide perovskite solar cells

Aslihan Babayigit, Anitha Ethirajan, Marc Muller and Bert Conings

In the last few years, the advent of metal halide perovskite solar cells has revolutionized the prospects of next-generation photovoltaics. As this technology is maturing at an exceptional rate, research on its environmental impact is becoming increasingly relevant.

Kinetics of Pb and Sn intoxication
Here, a summary is provided of how Pb and Sn from OHPs could enter the human body and how these elements are processed. In the case of Pb, the contents of this section are condensed into a scheme (Fig. 1) for clarity. No scheme is reported for Sn, as the data available in the literature are currently not sufficient to provide a comprehensive picture.

Assessing the perovskite life cycle
Several life cycle assessments (LCAs) and similar studies on perovskite solar technology have been reported[34-37].

Prevention through encapsulation
Considering the intoxication hazard inherent to the current OHPs, effective precautionary measures against the liberation of Pb compounds from a perovskite module are imperative.

图 3.4 评论某个领域的评论性论文示例

例 3-6 的主题是钙钛矿太阳能电池的毒性问题，主要阐述作者自己的观点，包括铅中毒和锡中毒的动力学过程，钙钛矿生命周期的评估，以及封装对钙钛层的保护。

评论性论文也会引用别人的工作，即参考文献，但引用的目的不是介绍这一工作，而是支撑作者的观点。

【例 3-7】 图 3.5 是题为《突破：纯相二维钙钛矿薄膜》的论文，是宣传首次报道纯相二维钙钛矿的论文。

图 3.5　宣传某篇文章的评论性论文示例

例 3-7 介绍了其主要内容和亮点。质疑某篇文章时,评论性论文的题目通常取为 Comment on "Title",引号中的 Title 为被质疑文章的题目。论文被质疑后,被质疑论文的作者通常要写一个回复(Reply)来解释质疑者的疑问,题目取为 Response to Comment on "Title"。如图 3.6 所示,这种学术辩论有利于推动科技的进步,是期刊所推崇的。

图 3.6　质疑某篇文章的评论性论文以及相应作者回复示例

评论性论文的篇幅很短,一般在 5 页以内,可以对某个领域或某篇研究性论文进行评论,主要发表作者的观点。

综述和评论的不同点如下:

(1) 综述只是客观的总结,作者不会对别人的工作发表自己的看法,而评论则主要发表作者自己的观点;

(2) 综述的篇幅较长,根据所总结文献的范围和数量不同,篇幅从几页到上百页,而评论的篇幅很短,一般小于 5 页。

3.2 科技论文的构成

科技论文大致由标题、作者和作者单位、摘要、图文摘要和关键词、引言、实验和方法、结果和讨论、结论、参考文献等部分构成。

3.2.1 标题

标题(Title)的基本要求是准确、清晰、简明地表达文章的重点和内容，简单说就是用一句话向别人介绍你的工作。标题通常不是一个完整的句子，不需要完整的主谓宾结构，所以标题要力求简洁。

【例 3-8】 第一篇钙钛矿太阳能电池的论文标题为 *Organometal Halide Perovskites as Visible-Light Sensitizers for Photovoltaic Cells*（《有机金属卤化物钙钛矿作为光伏电池的可见光敏化剂》）。

例 3-8 中标题清晰简明地概括了文章的内容和重点。

当然，完整的句子也可以作为标题。

【例 3-9】 标题为 *How Important Is the Organic Part of Lead Halide Perovskite Photovoltaic Cells? Efficient $CsPbBr_3$ Cells*《铅卤化物钙钛矿光伏电池的有机部分有多重要？高效的 $CsPbBr_3$ 电池》。

例 3-9 中这种疑问句式的标题，由于没有告诉读者具体的答案，因此显得更有吸引力。

一个好的标题只满足基本要求还不够，更高的要求就是要有吸引力，吸引读者、编辑和审稿人关注到你的文章，这样才能提高论文的录用率以及影响力。不过，千万不要做"标题党"，为了吸引眼球而故意夸大事实，甚至弄虚作假，这样会被认定为学术不端，造成极其严重的后果。

接下来，举几个有吸引力的标题范例。

【例 3-10】 *Efficient Planar Heterojunction Perovskite Solar Cells by Vapour Deposition*（《气相沉积法制备高性能的平面异质结钙钛矿太阳能电池》）

例 3-10 是亨利．J．斯内斯（Henry J. Snaith）课题组于 2013 年发表在 *Nature* 期刊上的论文标题（第一作者为电子科技大学刘明侦教授）。当时，人们普遍认为介孔层是获得高效率的必要条件，而没有介孔层，即所谓的平面异质结结构，做出的器件效率很低，只有 5% 左右。这篇论文的标题是"气相沉积法制备高性能的平面异质结钙钛矿太阳能电池"，在当时非常有吸引力，它打破了人们的传统观念，告诉读者采用平面异质结结构同样可以做出高效率(15.4%)，方法是气相沉积法。因此，这是一个很有吸引力的标题。

【例 3-11】 *Myths and Reality of $HPbI_3$ in Halide Perovskite Solar Cells*（《卤化物钙钛矿太阳能电池中 $HPbI_3$ 的神话与现实》）

例 3-11 这种带有疑问性质的标题，更能激发读者的兴趣，使读者迫切想要知道问题的答案（$HPbI_3$ 究竟是神话还是现实？），从而关注到这篇论文，达到吸引读者的目的。

【例 3-12】 *Not All That Glitters Is Gold：Metal-Migration-Induced Degradation in Perovskite Solar Cells*（《不是所有发光的都是金子：钙钛矿太阳能电池中金属迁移诱导的降解》）

【例 3-13】 *Mastering the Game of Go Without Human Knowledge*（《无须人类的知识就可以精通围棋》）

3.2.2　作者和作者单位

1．作者

作者（Authors）署名的要求是对文章的构思、设计以及工作的执行有实质性贡献的人，即从最初想法的提出、随后实验的设计和执行、数据的分析到最后论文的撰写和修改，整个环节中有实质性贡献的人，都可以列为作者。实质性贡献指的是作者的贡献需要在论文中有直接、明确、具体的体现，不包括简单劳动的贡献，如购买材料、清洗烧杯等。作者应当清楚论文中的研究内容和成果，并对所报道的研究成果承担责任，一旦被发现论文中有造假、篡改数据等学术不端行为，所有作者都要负有责任，并承担相应的后果。

在所有作者中,有两类作者非常重要:

(1) 第一作者(First Author),即论文的主要完成人,包括做实验、分析数据、画图、制表以及写论文初稿等(图 3.7)。共同第一作者(Co-First Author),近些年,由于不同科研团队间的合作日趋频繁,论文中排名前几位的作者都作出了很大的贡献,难以明确区分谁的贡献更大,于是就把这几位作者列为共同第一作者,其标志是排名前几位的作者,他们的名字后面都有一个特殊符号(比如‡),这一符号会给出一个解释,"‡ These authors contributed equally to this work"(这些作者对这项工作有着同等的贡献),这就表示名字后面有‡标识的作者是共同第一作者。不过,即使都是共同第一作者,署名的顺序依然有所差别,通常认为排在第一位的作者对论文的贡献还是要大于其他共同第一作者。

(2) 通讯作者(Corresponding Author),通常是第一作者的导师、课题负责人等,主要负责提供实验经费和条件、指导工作、修改和投递论文、回复审稿意见等,有时也会提供想法(图 3.7)。通讯作者的标志通常是名字后面打一个星号(*),并且留下电子邮箱(E-mail)。如果读者对论文有疑问或者想和作者进一步交流,可以给通讯作者发电子邮件,这在学术界是一种非常常见的交流方式。由于通讯作者一般是课题负责人,本科生也可以通过阅读文献,找到感兴趣的研究方向和课题,然后通过电子邮件联系通讯作者,表达对其研究方向感兴趣,想报考其研究生的意愿,所以,阅读文献是寻找研究方向以及相关导师的有效途径。

【例 3-14】 第一作者和通讯作者示例如图 3.7 所示。

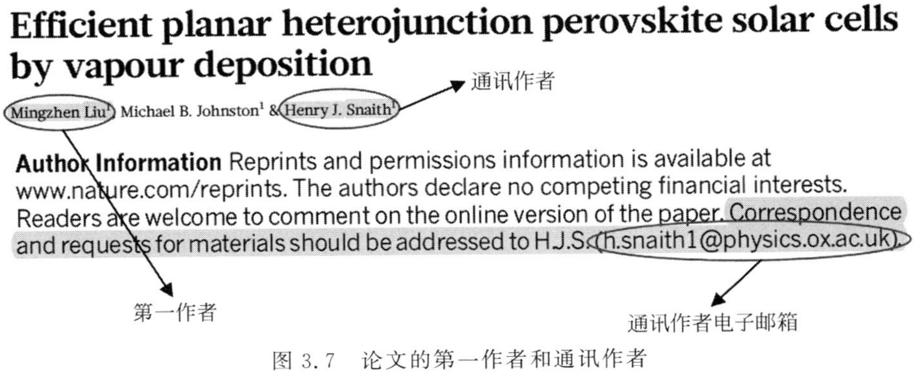

Efficient planar heterojunction perovskite solar cells by vapour deposition

Mingzhen Liu[1], Michael B. Johnston[1] & Henry J. Snaith[1]

Author Information Reprints and permissions information is available at www.nature.com/reprints. The authors declare no competing financial interests. Readers are welcome to comment on the online version of the paper. Correspondence and requests for materials should be addressed to H.J.S. (h.snaith1@physics.ox.ac.uk).

图 3.7 论文的第一作者和通讯作者

2. 作者单位

在署名作者的下方通常要列出作者单位和地址。按照国际惯例,地址名称按照"从小到大"的顺序给出。

【例 3-15】 "School of Optoelectronic Science and Engineering, University of Electronic Science and Technology of China (UESTC), Chengdu 610054, China"

(光电科学与工程学院,电子科技大学,成都 610054,中国)

论文的第一单位指的是作者单位名单中排名第一的单位,通常为第一作者所在的单位。作者单位一般按照作者姓名的出现顺序逐一列出。如果一位作者同时隶属于多个单位,则需要在这位作者的名字后面标记符号(如 1、2、3 等),然后给出符号对应的单位地址,如例 3-16 所示。

【例 3-16】

魏静[1,2],俞大鹏[1,2]*

1. 北京大学物理学院纳米结构与低维物理实验室,电子显微镜实验室,北京 100871;

2. 人工微结构与介观物理国家重点实验室,量子物质科学协同创新中心,北京 100871,* E-mail:yudp@pku.edu.cn

例 3-16 中魏静为第一作者,俞大鹏为通讯作者(名字后面打星号,并留有电子邮箱)。两位作者都有两个单位地址,分别为北京大学物理学院纳米结构与低维物理实验室和人工微结构与介观物理国家重点实验室。

如果作者在论文发表之前,换去了一个新的工作单位,则需要在这位作者的名字后面标注符号(如 †),然后以 "†Present address: Radiation Laboratory, University of Notre Dame, Notre Dame, Indiana 46556, USA" 脚注的形式给出作者的新单位地址,这样便于识别和联系。

3.2.3 摘要、图文摘要和关键词

按照内容不同,摘要(Abstract)可分为报道性(Informative)摘要(针对

原创性论文)和指示性(Indicative)摘要(针对综述),二者的内容和要求有所不同。

1. 报道性摘要

报道性摘要适用于原创性论文,其基本要求是指明问题,概述文章主题和主要目标,简要总结主要结果和重要结论,并说明结果的价值和重要性。

一个好的摘要可以让读者快速且准确地了解论文的基本内容,包括论文提出和解决了领域内的什么问题,如何解决这一问题的(Idea 是什么),得出的主要结果和重要结论是什么,以及这些结果的价值是什么。在快速了解论文的主要内容后,读者会决定是否有兴趣继续阅读论文的剩余部分,如果不是很感兴趣,读完摘要就可以停止阅读。

摘要的结尾通常要强调所做工作的价值和重要性,常用的语句有"铺平了道路""指明了方向""打下了基础"等。

【例 3-17】 "The findings pave a way for realizing efficient and stable perovskite solar cells in ambient atmosphere."

(这些发现为在大气环境中实现高效、稳定的钙钛矿太阳能电池铺平了道路)。

摘要通常有字数的限制,因此撰写摘要时,一定要字斟句酌,力求用最简洁的语言表达出文章的重点内容。

【例 3-18】 以标题为 *Efficient planar heterojunction perovskite solar cells by vapour deposition* 的论文摘要(图 3.8)为例加以说明(选取了有代表性的四句话):

"Organometal halide perovskites have recently emerged as a promising material for high-efficiency nanostructured devices."

(有机金属卤化物钙钛矿是最近出现的一类非常有应用前景的光伏材料,在介孔结构的太阳能电池中实现了高效率。)

——指明问题

"Here we show that nanostructuring is not necessary to achieve

Many different photovoltaic technologies are being developed for large-scale solar energy conversion[1-4]. The wafer-based first-generation photovoltaic devices[1] have been followed by thin-film solid semiconductor absorber layers sandwiched between two charge-selective contacts[3] and nanostructured (or mesostructured) solar cells that rely on a distributed heterojunction to generate charge and to transport positive and negative charges in spatially separated phases[4-6]. Although many materials have been used in nanostructured devices, the goal of attaining high-efficiency thin-film solar cells in such a way has yet to be achieved[7]. Organometal halide perovskites have recently emerged as a promising material for high-efficiency nanostructured devices[8-12]. Here we show that nanostructuring is not necessary to achieve high efficiencies with this material: a simple planar heterojunction solar cell incorporating vapour-deposited perovskite as the absorbing layer can have solar-to-electrical power conversion efficiencies of over 15 per cent (as measured under simulated full sunlight). This demonstrates that perovskite absorbers can function at the highest efficiencies in simplified device architectures, without the need for complex nanostructures.

图 3.8　论文的摘要

high efficiencies with this material"

（本文的结果显示介孔结构不是这类材料实现高效率的必要条件）

——重要结论

"a simple planar heterojunction solar cell incorporating vapour-deposited perovskite as the absorbing layer can have solar-to-electrical power conversion efficiencies of over 15 per cent (as measured under simulated full sunlight)."

（我们利用气相沉积法制备的钙钛矿作为光吸收层，在简单的平面异质结太阳能电池中获得了超过15％的光电功率转换效率）

——主要结果

"This demonstrates that perovskite absorbers can function at the highest efficiencies in simplified device architectures, without the need for complex nanostructures"

（这证明钙钛矿光吸收层可以在简化的器件结构中工作并获得最高效率，而无需采用复杂的介孔结构）

——结果的价值

这篇论文摘要首先指出领域内的问题，即有机金属卤化物钙钛矿目前只在介孔结构的太阳能电池中实现了高效率，使得当时人们普遍认为介孔层是实现高效率的必要条件。接下来,给出论文的重要结论,介孔结构不是这类材料实现高效率的必要条件,打破了人们的传统认识。随后介绍了论文的工作和主要结果,利用气相沉积法制备钙钛矿层,在简单的平面异质结太阳能电池中获得了超过15%的效率。最后说明结果的价值,证明了钙钛矿层可以在简化的器件结构中获得高效率,而不需要采用复杂的介孔结构。该摘要语言简洁,亮点突出,逻辑严密,条理清晰,明确地阐述了文章的创新点和工作的价值。

2. 指示性摘要

指示性摘要又称描述性摘要,适用于综述性论文。这种摘要的作用类似于论文目录,只介绍论文做了什么或者总结了什么,而没有给出研究的主要结果和结论,因此,这种摘要不能作为研究性或原创性论文的摘要。

【例3-19】 以标题为《钙钛矿太阳能电池:光伏领域的新希望》的论文摘要为例加以说明:

"本文结合我们最近的初步研究工作,就有机卤化物钙钛矿电池的发展历程、工作原理、制备工艺等几方面的代表性研究成果做了系统性总结,尤其是就目前有待解决的关键科学问题、未来发展方向等进行了讨论和展望,点明了可能采取的技术路径,有助于我国研究者抓住机遇,迅速跟上国际上太阳能电池与材料研究的前进步伐,为中国的绿色清洁能源的发展与生存环境的改善作出应有的贡献。"

3. 图文摘要

图文摘要(Graphical Abstract)又称Table of Contents(TOC)。以图的形式(有时还需要搭配几句简短的话)表达摘要的内容,展示文章的主要工作并突出亮点,达到吸引读者的目的。

摘要虽然很简短,但毕竟还是文字,需要花费一定的时间去阅读。为了让读者更快地获取文章的主要信息和亮点,就有了图文摘要这种更直观的摘要形式。不同于文字摘要,图文摘要更多的是凸显亮点,而不必给出太多的细节,因此图中的文字尽可能少。图文摘要一般不放在论文中(有些期刊会将其放在论文的摘要部分），而是与论文的其他元素（如标题、作者列表和摘要）一起发布在期刊网页上（收录当期的目录页中），如图 3.9 所示。

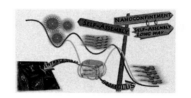

图 3.9　图文摘要示例

4. 关键词

关键词（Keywords）是从论文标题和正文中选出来的能够反映论文主题内容的词或词组，也是论文中重复次数最多的词或词组，主要用于文献的检索。

通过在数据库中输入感兴趣的关键词，可以快速找到包含关键词的全部文献。

【例 3-20】　标题为 *Highly Stable Bulk Perovskite for Blue LEDs with Anion-Exchange Method*（《阴离子交换法制备高稳定性的本体钙钛矿，以实现蓝色发光二极管》）的论文关键词为"perovskites, anion exchange, light-emitting diodes, post-treatment, blue emission"（钙钛矿，阴离子交换，发光二极管，后处理，蓝色发光），大部分关键词是从标题中选取的。

3.2.4　引言

1. 引言的作用

引言（Introduction）的一个重要作用是让读者明白为什么要做这个工作，这个工作解决了领域内的什么问题。

2. 引言的要求

对引言内容的主要要求如下：

（1）引言首先要阐明课题的研究背景：简单介绍整个领域的最新进展，着重介绍与本文密切相关（小领域）的文献。

（2）指出目前小领域存在的问题。

（3）引出本文的工作，提出本文解决了什么问题，是如何解决的，阐述工作的必要性和新颖性。一个想法的产生可能是借鉴了同领域其他人的研究思路，也可能是从不同领域的研究工作中找到了自己的研究思路。

（4）简述解决问题的方法，以及所达到的目标和主要结果。

简单地讲，就是介绍大背景（整个领域）、小背景（与研究内容密切相关的小领域）、提出问题、解决问题、得出结论的过程。所以，写引言之前，一定要找好论文的创新点，围绕创新点去写，突出当前工作的重要性，向读者解释为什么有必要做这项研究。

以题目为 *Efficient planar heterojunction perovskite solar cells by vapour deposition* 的论文引言（图 3.10）为例予以说明（选取了有代表性的三句话）。

①Evolving from the dye-sensitized solar cells, we found that replacing the mesoporous TiO_2 with mesoporous Al_2O_3 resulted in a significant improvement in efficiency, delivering an open-circuit voltage of over 1.1 V in a device which we term a 'meso-superstructured solar cell'[8]. We reason that this observed enhancement in open-circuit voltage is due to confinement of the photo-excited electrons within the perovskite phase, thereby increasing the splitting of the quasi-Fermi levels for electrons and holes under illumination, which is ultimately responsible for generating the open-circuit voltage. Further removal of the thermal sintering of the mesoporous Al_2O_3 layer, and better optimization of processing, has led to meso-superstructured solar cells with more than 12% efficiency[2]. ②In addition, $CH_3NH_3PbI_{3-x}Cl_x$ can operate relatively efficiently as a thin-film absorber in a solution-processed planar heterojunction solar cell configuration, delivering around 5% efficiency when no mesostructure is involved[17]. This previous work demonstrates that the perovskite absorber is capable of operating in a much simpler planar architecture, but raises the question of whether mesostructure is essential for the highest efficiencies, or whether the thin-film planar heterojunction will lead to a superior technology. ③Here, as a means of creating uniform flat films of the mixed halide perovskite $CH_3NH_3PbI_{3-x}Cl_x$, we use dual-source vapour deposition. In Fig. 1 we show an illustration of the vapour-deposition set-up, along with an illustration of a planar heterojunction p-i-n solar cell (see Fig. 1c). From the bottom (the side from which the light is incident),

图 3.10 论文的引言

【例 3-21】 论文的引言示例。

"Evolving from the dye-sensitized solar cells, we found that replacing the mesoporous TiO_2 with mesoporous Al_2O_3 resulted in a significant improvement in efficiency, delivering an open-circuit voltage of over 1.1V in a device which we term a 'meso-superstructured solar cell'."

(从染料敏化太阳能电池演化而来,我们发现采用介孔 Al_2O_3 代替介孔 TiO_2,导致器件效率显著增加,"介观超结构"器件的开路电压超过 1.1V。)

——介绍大背景

"In addition, $CH_3NH_3PbI_{3-x}Cl_x$ can operate relatively efficiently as a thin-film absorber in a solution-processed planar heterojunction solar cell configuration, delivering around 5% efficiency when no mesostructure is involved."

(此外,$CH_3NH_3PbI_{3-x}Cl_x$ 可以作为薄膜光吸收层在溶液可制备的平面异质结太阳能电池结构中相对有效的工作,在没有介孔层的情况下获得约 5% 的效率。)

——介绍小背景

"Here, as a means of creating uniform flat films of the mixed halide perovskite $CH_3NH_3PbI_{3-x}Cl_x$, we use dual-source vapour deposition."

(本文,我们采用双源气相沉积的方法来制备均匀、平整的混合卤素钙钛矿 $CH_3NH_3PbI_{3-x}Cl_x$ 薄膜。)

——引出本文的工作

在该引言中,作者首先介绍了钙钛矿太阳能电池领域的大背景,即介孔结构太阳能电池的最新进展,随后介绍了与本文密切相关的小背景,即没有介孔层,所谓的平面异质结太阳能电池的研究进展,提出小领域的问题——平面异质结太阳能电池的效率很低,只有约 5%;最后引出本文的工作,采用双源气相沉积法制备高质量的钙钛矿薄膜,提升平面异质结太阳能电池的效率。该引言逻辑清晰,语言精练,重点突出,向读者阐明了工作的必要性。

3.2.5 实验和方法

1. 实验和方法的作用

实验部分(Experimental Section)的主要目的是提供足够的实验细节,让同行能够重复论文的研究内容和结果。

科学研究要求实验结果具有可重复性,不仅自己能够重复,其他人也能重复出来。发表论文的目的是同行间的学术交流,只有发表的论文能够被重复,其他人才能在此基础上开展进一步研究,从而推动整个领域的不断发展;否则,论文就不具备科学性,失去了发表的意义。所以,论文必须给出足够的实验细节,以便同行能够重复出同样或者类似的实验结果。而不能故意隐瞒实验细节,担心别人重复出来以后,抢先发表作者的后续成果,故意让同行重复不出来。

2. 实验和方法的实例

实验和方法细节包括药品和仪器的规格、型号、厂商等,以及实验的详细条件和过程,如例3-22、例3-23所示。

【例3-22】 "The neat $CsPbI_3$ precursor was prepared by dissolving 260 mg of CsI (99.999%, Sigma-Aldrich) and 461 mg of PbI_2 (beads, 99.999%, Sigma-Aldrich) in 0.8ml of DMF (anhydrous, 99.8%, Sigma-Aldrich) and 0.2ml of DMSO (anhydrous, ≥99.9%, Sigma-Aldrich)."

(99.999%是药品的纯度,Sigma-Aldrich是药品的生产厂商,溶剂DMF和DMSO都是无水的,且都给出了溶剂的纯度。)

【例3-23】 "PEDOT:PSS films were coated on the FTO substrates with a spin-rate of 4000 rpm for 30 s and then annealing for 30 min at 150℃."

（PEDOT:PSS 薄膜旋涂于 FTO 衬底上，旋涂速率 4000rpm，旋涂时间 30s，随后在 150℃的温度下加热退火 30min。）

"The morphology of the films and devices was examined on a high-resolution field emission SEM (Hitachi SU8030)."

（通过高分辨场发射 SEM 来表征薄膜和器件的形貌。其中，Hitachi SU8030 为仪器的生产厂商和型号。）

3.2.6 结果和讨论

1. 结果

1）结果的作用

结果（Results）部分主要展示数据和发现，可以借助于图片和表格的形式对结果进行凝练，并以一定的逻辑顺序呈现出来。

2）结果的要求

结果需要简明扼要，重要或者凝练过的数据放在正文里，不重要的数据可以放在附录（也称为补充材料）里。由科学实验得到的大量客观实验数据在经过筛选和凝练后，只留下有用的数据绘成图片和表格，以便更直观地展示数据。

原创性论文里的图可以是一幅单独的图，也可以是相关联的几幅图组合成的一幅大图，便于阐述同类型的数据或者解释同一个问题，如例 3-24 所示。

【例 3-24】 图 3.11 为 6 幅扫描电子显微镜（SEM）图所组合成的一幅大图，6 幅分图按顺序使用字母编号，分别为 a、b、c、d、e、f，用于阐述同一个问题，即气相沉积法制备的钙钛矿薄膜相比于传统溶液旋涂法制备的薄膜在形貌上有何不同。

结果部分的图与图之间是相互关联的，围绕一条故事主线，有条理地叙述结果。实验结果的描述应力求简明扼要，清晰地说明图或表是什么数据，实验条件是什么，有什么规律。对于一些很重要、很难察觉到的规律或趋势，要着重描述，不能期望读者自己寻找和发现这些规律。

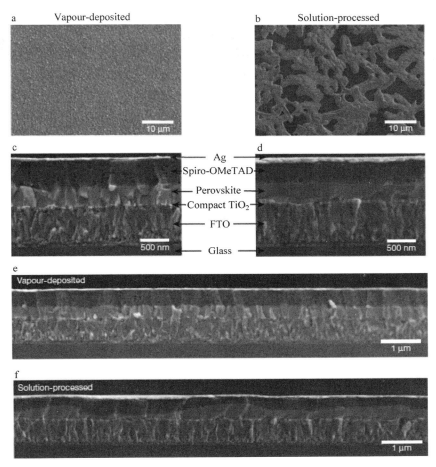

图 3.11 相关联的 6 幅小图所组合成的大图

2. 讨论

1) 讨论的作用

讨论(Discussion)主要分析和解释数据,阐明结果背后的机理是什么,一般化结论是什么,与文献中的相关结果比较怎么样。一篇好的论文不仅要有漂亮的数据,还需要对数据进行合理、有深度的解释。

2) 讨论的要求

讨论要以结果部分所提供的证据为依据,即做到有理有据。数据的分析和解释是有依据的,不能凭空猜想,也不能完全依照文献的解释。文献只能作为参考,而不能无条件地盲目信任文献。一方面,文献的解释不一定完全正确;另一方面,文献中的实验条件和方法不可能与论文中的完全相同。因此,文献中的数据和分析只能作为间接证据,而论文里的实验数据才是最直接的证据。

讨论时,如果遇到实验结果确实解释不清楚的情况,基于结果所做出的简短推测通常是可以接受的,但不能作为讨论的主体。也就是说没有证据的推测或猜想可以有,但并不提倡,最好给出有力的证据来证明解释的合理性。当然,不能整篇论文都是推测,说明很多数据都没有解释清楚,这是不被允许的。

结果和讨论一般同步进行,即一边展示结果,一边进行讨论。

以题目为 *Efficient planar heterojunction perovskite solar cells by vapour deposition* 的论文的结果和讨论部分(图 3.12)为例予以说明(选取了有代表性的三句话)。

① In Fig. 1b, we compare the X-ray diffraction pattern of films of $CH_3NH_3PbI_{3-x}Cl_x$ either vapour-deposited or solution-cast onto compact TiO_2-coated FTO-coated glass. ② The main diffraction peaks, assigned to the 110, 220 and 330 peaks at 14.12°, 28.44° and, respectively, 43.23°, are in identical positions for both solution-processed and vapour-deposited films, indicating that both techniques have produced the same mixed-halide perovskite with an orthorhombic crystal structure. ③ Notably, looking closely in the region of the (110) diffraction peak at 14.12°, there is only a small signature of a peak at 12.65° (the (001) diffraction peak for PbI_2) and no measurable peak at 15.68° (the (110) diffraction peak for $CH_3NH_3PbCl_3$), indicating a high level of phase purity. A diagram of the crystal structure is shown in Fig. 1d. The main difference between $CH_3NH_3PbI_3$ and the mixed-halide perovskite presented here is evident in a slight contraction of the c axis. This is consistent with the Cl atoms in the mixed-halide perovskite residing in the apical positions, out of the PbI_4 plane, as opposed to in the equatorial octahedral sites, as has been theoretically predicted[18].

图 3.12 论文的结果和讨论

【例 3-25】 论文的结果和讨论部分示例。

"In Fig. 1b, we compare the X-ray diffraction pattern of films of $CH_3NH_3PbI_{3-x}Cl_x$ either vapour-deposited or solution-cast onto compact TiO_2-coated FTO-coated glass."

(图 1b 中,我们比较了气相沉积和溶液旋涂制备的 $CH_3NH_3PbI_{3-x}Cl_x$ 薄膜的 XRD 谱,钙钛矿薄膜沉积在 FTO/TiO_2 玻璃衬底上。)

——叙述结果

"The main diffraction peaks, assigned to the 110, 220 and 330 peaks at 14.12°, 28.44° and, respectively, 43.23°, are in identical positions for both solution-processed and vapour-deposited films, indicating that both techniques have produced the same mixed-halide perovskite with an orthorhombic crystal structure."

(对于溶液旋涂和气相沉积制备的钙钛矿薄膜,主要衍射峰(14.12°、28.44°和43.23°分别对应于110、220和330衍射峰)的位置是相似的,说明这两种技术制备出相同的具有正交晶体结构的混合卤素钙钛矿。)

——数据分析和讨论

"Notably, looking closely in the region of the (110) diffraction peak at 14.12°, there is only a small signature of a peak at 12.65° (the (001) diffraction peak for PbI_2) and no measurable peak at 15.68° (the (110) diffraction peak for $CH_3NH_3PbCl_3$), indicating a high level of phase purity."

(尤其是,在位于14.12°的(110)衍射峰附近,仅仅有一个很小的位于12.65°的峰(对应于PbI_2的(001)衍射峰)并且没有观察到位于15.68°的峰(对应于$CH_3NH_3PbCl_3$的(110)衍射峰),说明其高的相纯度。)

——重点描述难以觉察的现象和规律

在该结果和讨论部分,作者首先说明图1b是$CH_3NH_3PbI_{3-x}Cl_x$薄膜的XRD谱图,制备条件是在FTO/TiO_2玻璃衬底上通过气相沉积或者溶液旋涂技术,来制备钙钛矿薄膜。随后,描述XRD谱图的规律,比较明显的规律是这两种技术所制备的钙钛矿薄膜主要衍射峰的位置相似,分析和解释数据,说明二者具有相同的正交晶体结构。此外,还有一个难以觉察的规律需要重点描述,就是位于12.65°的这个小峰,对应于PbI_2的衍射峰。该论文的结果和讨论内容清晰,逻辑严密,分析透彻,解释合理,真正做到了有理有据。

3.2.7 结论

1. 结论的作用

结论(Conclusions),总结重要的研究成果,说明这些成果对领域的影响,并对工作做下一步计划。

2. 结论与摘要的区别

结论和摘要有相似之处,都会对重要成果进行总结,不过,二者也有明确的区别:

(1)摘要由于有字数的限制,总结的是更核心的成果,并提炼出最亮眼的观点。结论一般没有字数的限制,可以总结得更为详细,对数据分析得更透彻,解释得更清晰。

(2)摘要的结尾,往往强调工作的价值和重要性。而结论的最后,通常会对接下来的工作做一个计划,尤其是论文里没有解决的问题,将在接下来的工作中着重解决。

以题目为 *Efficient planar heterojunction perovskite solar cells by vapour deposition* 的论文结论(图 3.13)为例予以说明(选取了有代表性的两句话):

> ① We have built vapour-deposited organometal trihalide perovskite solar cells based on a planar heterojunction thin-film architecture that have a solar-to-electrical power conversion efficiency of over 15% with an open-circuit voltage of 1.07 V. The perovskite absorbers seem to be versatile materials for incorporation into highly efficient solar cells, given the low-temperature processing they require, the option of using either solution processing or vapour deposition or both, the simplified device architecture and the availability of many other metal and organic salts that could form a perovskite structure. Whether vapour deposition emerges as the preferred route for manufacture or simply represents a benchmark method for fabricating extremely uniform films (that will ultimately be matched by solution processing) remains to be seen. ② Finally, a key target for the photovoltaics community has been to find a wider-bandgap highly efficient 'top cell', to enable the next step in improving the performance of crystalline silicon and existing second-generation thin-film solar cells. This perovskite technology is now compatible with these first- and second-generation technologies, and is hence likely to be adopted by the conventional photovoltaics community and industry. Therefore, it may find its way rapidly into utility-scale power generation.

图 3.13 论文的结论

【例 3-26】 论文的结论示例。

"We have built vapour-deposited organometal trihalide perovskite solar cells based on a planar heterojunction thin-film architecture that have a solar-to-electrical power conversion efficiency of over 15% with an open-circuit voltage of 1.07V."

（我们采用气相沉积法制备了有机金属三卤化物钙钛矿，并进一步制备出平面异质结薄膜结构的太阳能电池，获得了 1.07V 的开路电压以及超过 15% 的功率转换效率。）

——总结主要的结果和结论

"A key target for the photovoltaics community has been to find a wider-bandgap highly efficient 'top cell', to enable the next step in improving the performance of crystalline silicon and existing second-generation thin-film solar cells. This perovskite technology is now compatible with these first- and second-generation technologies, and is hence likely to be adopted by the conventional photovoltaics community and industry."

（光伏界的一个关键任务是找到带隙更宽的高效率"顶电池"来实现下一步提升晶体硅和现有第二代薄膜太阳能电池的性能。这一钙钛矿技术目前与第一和第二代光伏技术相兼容，因此很有可能被传统的光伏界和工业界所采用。）

——成果的价值以及下一步计划

在结论部分，作者首先总结了论文取得的重要成果，即采用气相沉积法制备钙钛矿，在平面异质结结构的太阳能电池中获得了超过 15% 的效率。然后，给出了成果的价值以及下一步计划，气相沉积法这一钙钛矿制备技术与第一代和第二代光伏技术相兼容，很有可能被工业界所采用。接下来，将钙钛矿太阳能电池作为'顶电池'，与晶体硅或者第二代薄膜太阳能电池相结合，制备叠层太阳能电池，从而进一步提升第一代和第二代太阳能电池的性能。该结论突出了文章的亮点并指明了未来的方向，满足结论部分的所有要求。

3.2.8 参考文献

1. 参考文献的作用

当使用已发表论文或著作的内容时，比如介绍文献的工作、引用文献的数据、方法和观点等，需要标注来源，告诉读者这些内容并非作者原创，而是来自于文献。参考文献（References）有如下作用：

（1）反映论文的研究基础。研究工作都有继承性，一个想法的提出通常是在前人已发表工作的基础进行拓展、深化，解决前人工作没有解决的问题。因此，必然要介绍前人的工作，作为自己工作的研究基础，这部分介绍在论文的引言部分尤为常见。

（2）区别于前人的工作。参考文献能直观地将本文的研究成果与前人的成果区别开来，更加凸显自己工作的创新和价值。

（3）尊重他人的知识产权和成果。引用参考文献是对前人研究成果的尊重，而且也避免有抄袭、剽窃他人成果的嫌疑。

（4）引文索引的作用。通过参考文献可以追溯想法的来源，为同一研究领域和方向的科研人员提供更多文献信息，便于检索和查找相关文献资料，对论文中的引文有更详细、深入的了解，拓展和启发其思维，帮助其寻找想法和课题。

2. 参考文献的要求

参考文献的标注方法通常采用顺序编码制，即按照引用的文献在论文中出现的先后顺序来依次编号，并在正文引用信息的右侧或者右上角的位置标注阿拉伯数字，相应参考文献部分按照标号依次列出各篇文献，如图3.14所示。

【例 3-27】 顺序编码的参考文献示例。

> Many different photovoltaic technologies are being developed for large-scale solar energy conversion[1,2]. The wafer-based first-generation photovoltaic devices[1] have been followed by thin-film solid semiconductor absorber layers sandwiched between two charge-selective contacts[3] and nanostructured (or mesostructured) solar cells that rely on a distributed heterojunction to generate charge and to transport positive and negative charges in spatially separated phases[4-6]. Although many materials have been used in nanostructured devices, the goal of attaining high-efficiency thin-film solar cells in such a way has yet to be achieved[7]. Organometal halide perovskites have recently emerged as a promising material for high-efficiency nanostructured devices[8-11]. Here we show that
>
> 1. Green, M. A. Silicon photovoltaic modules: a brief history of the first 50 years. *Prog. Photovolt. Res. Appl.* **13**, 447–455 (2005).
> 2. Graetzel, M., Janssen, R. A. J., Mitzi, D. B. & Sargent, E. H. Materials interface engineering for solution-processed photovoltaics. *Nature* **488**, 304–312 (2012).
> 3. Chopra, K. L., Paulson, P. D. & Dutta, V. Thin-film solar cells: an overview. *Prog. Photovolt. Res. Appl.* **12**, 69–92 (2004).
> 4. O'Regan, B. & Grätzel, M. A low-cost, high-efficiency solar cell based on dye-sensitized colloidal TiO$_2$ films. *Nature* **353**, 737–740 (1991).
> 5. Halls, J. J. M. et al. Efficient photodiodes from interpenetrating polymer networks. *Nature* **376**, 498–500 (1995).
> 6. Yu, G., Gao, J., Hummelen, J. C., Wudl, F. & Heeger, A. J. Polymer photovoltaic cells: enhanced efficiencies via a network of internal donor-acceptor heterojunctions. *Science* **270**, 1789–1791 (1995).
> 7. Green, M. A., Emery, K., Hishikawa, Y., Warta, W. & Dunlop, E. D. Solar cell efficiency tables (version 40). *Prog. Photovolt. Res. Appl.* **20**, 606–614 (2012).

图 3.14　顺序编码的参考文献

如果逐字逐句地完全重复文献里的短语、句子或段落，也就是一字不落地摘抄文献里的话，那么仅仅将这篇文献列为参考文献还不够，必须将所摘抄的整个句子或段落放在引号里。这种引用方式称为直接引用，类似于引用名人名言，引用内容中的每一个字，包括标点符号，都不允许改动。

【例 3-28】 Day (1979: 31) reports a result where '33.3% of the mice used in this experiment were cured by the test drug; 33.3% of the test population were unaffected by the drug and remained in a moribund condition; the third mouse got away'.

(Day(1979: 31)报道了一项结果"在这个实验中使用的老鼠有33.3%被测试药物治愈；33.3%的试验鼠群未受药物影响并处于濒死状态；第三只老鼠逃离了"。)

该示例中引号里的内容完全摘抄自文献，包括标点符号在内没有任何改动。

3.2.9　其他

论文的其他部分还包括致谢、作者贡献、利益冲突、补充材料等。

（1）致谢。

致谢（Acknowledgements）主要感谢基金的资助以及在研究过程和论文撰写阶段给予指导和帮助的组织和个人。

致谢示例如图 3.15 所示。

> **Acknowledgements** This work was funded by EPSRC and the European Research Council (ERC) 'Hyper Project' number 279881. The Oxford University Press (John Fell) Fund provided support for equipment used in this study, specifically the organic light-emitting diode vapour-deposition equipment. We thank S. Sun, E. Crossland, P. Docampo, G. Eperon, J. Zhang and J. Liu for discussions and experimental and technical assistance.

图 3.15 致谢示例

【例 3-29】 致谢示例。

"This work was funded by EPSRC and the European Research Council (ERC) 'Hyper Project' number 279881."

（这项工作由 EPSRC 和欧洲科学委员会（ERC）的"超级项目"资助，编号为 279881。）

——感谢基金的资助

"We thank S. Sun, E. Crossland, P. Docampo, G. Eperon, J. Zhang and J. Liu for discussions and experimental and technical assistance."

（我们感谢 S. Sun、E. Crossland、P. Docampo、G. Eperon、J. Zhang 和 J. Liu 关于论文的讨论以及实验和技术上的帮助。）

——感谢给予指导和帮助的人

（2）作者贡献。

作者贡献（Author Contributions），有些期刊要求列出每位作者对论文的贡献，防止没有实质性贡献，只是挂名的情况出现。

作者贡献示例如图 3.16 所示。

> **Author Contributions** M.L. performed the experimental work, data analysis and experimental planning. The project was conceived, planned and supervised by H.S. and M.J. The manuscript was written by all three authors.

图 3.16 作者贡献示例

【例 3-30】

（M. L. 做实验、分析数据和设计了实验。H. S. 和 M. J. 构思、规划和指导了此项目。三位作者共同撰写了论文手稿。）

（3）利益冲突（Conflict of Interest），所有作者必须声明财务/商业利益冲突。如果作者没有利益冲突，文章中将发表以下声明："The authors declare no competing financial interest."（作者声明没有竞争性经济利益。）。

（4）补充材料（Supporting Information or Supplementary Materials），不是论文的必要组成部分，不放在正文里，而是放在一个单独的文件里（一般是 Word 或者 PDF 格式）。补充材料里的内容不如正文里的重要，是对正文内容的补充，通常提供比正文更加细节的信息，比如详细的实验过程、详尽的数学推导以及细致的性能优化和表征数据等。补充材料里的图片和文字不像正文那样有严格的格式要求，也不会经过期刊编辑的排版，只在线出版。

3.3 各个研究阶段科技论文的查阅

在阅读论文前，首先要明确论文阅读的目的，即通过文献阅读想要获得什么信息。一名科研人员从刚开始接触某一领域到最后发表论文大致要经历三个阶段，分别为调研阶段、开题阶段、课题开展与论文撰写阶段。处于不同阶段，文献阅读的目的也不尽相同，接下来，将逐一介绍。

3.3.1 调研阶段

1. 调研阶段的查阅目标

调研阶段，即刚接触某一领域，对该领域几乎一无所知。此时，文献阅读的目的是掌握领域内的一些基本概念和方法，了解领域的起源、里程碑工作和重要进展，积累该领域的相关知识。

2. 实施方法

针对这一目标，建议多阅读综述性论文和该领域的经典论文。经典论文指得是高被引论文和热点论文，这两类论文的概念和检索方式详见"2.6.3 基本科学指标及论文评价"与"2.3.2 Web of Science 文献检索方法"。在阅读英文文献前，建议先读一些中文的综述、书籍或者硕博论文（前言背景部分），目的是快速了解该领域的基础知识，包括专业词汇、常用参数和方法等，避免阅读英文文献时造成歧义。调研阶段，一个重要的任务是了解大领域包含哪些小领域，从中选择一个感兴趣的小领域作为自己的研究方向。为此，建议按照以下步骤进行阅读：

1）泛读某个大领域的 3～5 篇综合性综述，从中选择自己感兴趣的小领域

综合性综述是对某一学科或专业的大量文献进行整理筛选、分析研究和综合提炼而成的一种学术论文。通过阅读综合性综述，可以全面了解某

一学科(大领域)的基础知识、起源、里程碑工作、重要进展以及所包含的学科分支(小领域)。调研阶段,不要求"深度",而要求"广度",就是不要求对某个问题有很深、很透彻的理解,而要求多了解一些方向和课题,掌握该领域尽可能多的知识,是一个知识积累的过程。

【例 3-31】 以《物理学报》期刊上题名为《钙钛矿太阳电池综述》的论文为例,说明如何高效地阅读论文。

(1) 论文标题、作者和作者单位、关键词的阅读。

首先阅读论文的标题,综述性论文的标题一般都很宽泛,例如《钙钛矿太阳电池综述》《钙钛矿太阳能电池:光伏领域的新希望》《钙钛矿太阳能电池:一项新兴的光伏技术》(Perovskite solar cells: An emerging photovoltaic technology)。

接下来,快速浏览一下作者和作者单位,综述性论文通常还有作者简介。

然后,看一下关键词,图 3.17 中的关键词为"钙钛矿材料""太阳电池""晶体结构"和"电荷传输层"。

物理学报 Acta Phys. Sin. Vol. 64, No. 3 (2015) 038805

专题: 新型太阳能电池专题

钙钛矿太阳电池综述*

姚鑫　丁艳丽　张晓丹†　赵颖

(南开大学光电子薄膜器件与技术研究所,天津　300071)

关键词: 钙钛矿材料, 太阳电池, 晶体结构, 电荷传输层
PACS: 88.40.H–, 84.40.J–, 88.40.hj　　　　　　　　DOI: 10.7498/aps.64.038805

图 3.17　综合性综述的标题、作者和作者单位以及关键词

(2) 论文摘要的阅读。

综述性论文的摘要通常采用指示性摘要的形式,即只介绍论文总结了什么,而不提供研究结果、结论和建议等。

【例 3-32】 图 3.18 为这篇论文的摘要,首先介绍了钙钛矿太阳能电池的背景,包括钙钛矿材料的优点、器件结构以及制备方法,然后引出论文的主要内容(下画线部分),类似于提纲或者目录的作用,告诉读

者这篇综述性论文的布局，主要总结了这一领域的哪些方面。读者在读完摘要后，决定是否有必要继续阅读论文的剩余部分。如果总结的内容并不是自己感兴趣的或者想要了解的内容，则可以立刻停止阅读。

> 基于有机-无机杂化钙钛矿材料($CH_3NH_3PbX_3$)制备的太阳电池效率自2009年从3.8%增长到19.6%，因其较高的光吸收系数，较低的成本及易于制备等优势获得了广泛关注。钙钛矿材料不仅可作为光吸收层，还可用作电子和空穴传输层，以此制备出不同结构的钙钛矿太阳电池：介孔结构、介观超结构、平面结构、无HTM层结构和有机结构。除此之外，钙钛矿材料制备方法的多样性使其更具吸引力，目前已有一步溶液法、两步连续沉积法、双源共蒸发法和溶液-气相沉积法。<u>本文主要介绍了钙钛矿太阳电池的发展历程、工作原理及钙钛矿薄膜的制备方法等。详细阐述了电池每一层的具体作用和针对现有的钙钛矿结构各层材料的优化，最后介绍了钙钛矿太阳电池所面临的问题和发展前景，以期对钙钛矿太阳电池有进一步的了解，为制备新型高效的钙钛矿太阳电池打下坚实的基础。</u>

图 3.18　综合性综述的摘要

（3）小标题及图和表的浏览。

综述性论文的正文部分通常会列出若干小标题来概括这一小节要总结的内容。

【例 3-33】　图 3.19 为这篇论文的小标题和图。

2 钙钛矿太阳电池结构

2.1 晶体结构　　　　　　　　　2.2 电池结构介绍

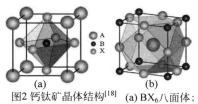

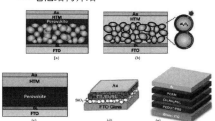

图2 钙钛矿晶体结构[18] (a) BX_6八面体；(b) AX_{12}立方八面体

图3 钙钛矿太阳电池结构[25] (a)介孔结构；(b)介观超结构；(c)平面结构；(d)无HTM结构；(e)有机结构[26](BL:致密TiO_2; Perovskite:钙钛矿)

3 钙钛矿薄膜的制备方法

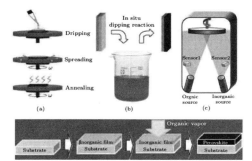

图7 钙钛矿的不同制备方法[18] (a) 一步溶液法；(b) 两步溶液法；(c) 蒸发法；(d) 溶液-气相沉积法

图 3.19　综合性综述的小标题及图

在"2 钙钛矿太阳电池结构"这一大节下,又划分为两个小节,分别为"2.1 晶体结构"和"2.2 电池结构介绍",浏览例中图 2 和图 3,可以大致了解钙钛矿晶体结构和电池结构。第三大节为"3 钙钛矿薄膜的制备方法",例中图 7 给出了四种不同的钙钛矿薄膜制备方法示意图。通过浏览小标题和图表,可以了解每一小节总结的内容,从而更有针对性地阅读论文,积累相关知识。

有些期刊的综述性论文包含目录。

【例 3-34】 图 3.20 为 *Chemical Reviews* 期刊中题名为 *High-Efficiency Perovskite Solar Cells* 的综述性论文目录。

CHEMICAL REVIEWS

pubs.acs.org/CR   Review

High-Efficiency Perovskite Solar Cells
Jin Young Kim, Jin-Wook Lee, Hyun Suk Jung,* Hyunjung Shin,* and Nam-Gyu Park*

CONTENTS

1. Introduction	7867
2. Fundamentals of the Organic Lead Halide Perovskite Required to Achieve High PCE	7869
2.1. Electronic and Optical Properties of Perovskites	7869
2.2. Parameters Affecting Charge Transport, Collection, And Recombination	7871
2.3. Recombination in Perovskite Materials and Solar Cells	7873
3. Key Challenges in Achieving High Efficiency	7873
3.1. Structure Design	7873
3.1.1. Crystal Structure	7873
3.1.2. Defect Structure	7874
3.1.3. Microstructure	7876
3.2. Materials Chemistry	7879
3.2.1. A Site(Cation)-Modified Perovskites	7880
3.2.2. B Site(Cation)-Modified Perovskites	7883
3.2.3. X Site (Anion)-Modified Perovskites	7884
3.2.4. Low-Dimensional Perovskites	7886
3.3. Processing Engineering	7886
3.3.1. One-Step vs Two-Step Processes	7888
3.3.2. Adduct Intermediated Process	7892
3.4. Device Physics	7893
3.4.1. Selective Contact	7893
3.4.2. Interface Engineering	7896
3.4.3. Defect Passivation	7899
3.5. Over Shockley–Queisser Limit	7901
3.5.1. Tandem Solar Cells	7901
3.5.2. Hot Carrier Device	7904
3.5.3. Photon Recycling	7905
3.5.4. Concentrator Solar Cells	7906
4. Summary	7906
Author Information	7907
Corresponding Authors	7907
Authors	7907
Author Contributions	7907
Notes	7907
Biographies	7907
Acknowledgments	7908
References	7908

1. INTRODUCTION

The solid-state perovskite solar cell (PSC) was reported in 2012,[1,2] with a power conversion efficiency (PCE) of approximately 10% under a simulated 1 sun illumination. Furthermore, the solid-state PSC exhibited long-term stability for 500 h, as confirmed by stability tests conducted using unencapsulated devices under ambient conditions.[1] Although the application of organic–inorganic lead halide perovskite as a sensitizer in dye-sensitized solar cell (DSSC) structures was first attempted in 2009[3] and improved efficiency, from 3.8% to

Received: February 12, 2020
Published: July 28, 2020

图 3.20 综合性综述的目录

通过浏览目录可以快速定位想要了解的内容。

（4）引言的阅读。

综述性论文的引言通常按照时间顺序回顾这一领域的发展历史（背景介绍），并引出论文的主要内容，包括论文关注的重点以及接下来从哪些方面进行文献总结。

（5）正文的阅读。

正文部分是论文的核心内容，包含这一领域的很多知识。这些知识经过分类以后，形成若干知识点，并通过起一个小标题来总结每一个知识点（中心思想）。经过步骤（3），浏览小标题和图表后，了解每一个知识点，然后围绕知识点有针对性地阅读，熟悉这一知识点的详细知识。

（6）总结和展望的阅读。

综述的总结部分类似于摘要，重新回顾一下所总结的主要内容。随后，引出这一领域目前还存在的问题，也就是过渡到展望部分。展望是综述很重要的一部分内容，是作者站在一定的高度去洞悉领域内尚未解决的问题，并提出一些可能的解决思路和方法。因此，通过阅读展望部分，可以了解这一领域包含的小方向（每一个问题可能对应一个方向），并找到自己感兴趣的研究课题。

【例 3-35】 图 3.21 为所举例文的展望部分。

> **4 面临问题及发展趋势**
>
> 钙钛矿太阳电池发展现状良好，但仍有若干关键因素可能制约钙钛矿太阳电池的发展：1) 电池的稳定性问题，钙钛矿太阳电池在大气中效率衰减严重；2) 吸收层中含有可溶性重金属 Pb，易对环境造成污染；3) 现今钙钛矿应用最广的为旋涂法，但是旋涂法难于沉积大面积、连续的钙钛矿薄膜，故还需对其他方法进行改进，以期能制备高效的大面积钙钛矿太阳电池，便于以后的商业化生产；4) 钙钛矿太阳电池的理论研究还有待增强。

图 3.21 综合性综述的展望部分

作者提出钙钛矿太阳能电池目前面临的四个问题，分别为：①电池的稳定性问题；②钙钛矿铅（Pb）毒性问题；③大面积、高质量钙钛矿薄膜的制备方法；④机理的深入挖掘。这四个问题对应四个研究方向，作者也提出了这四个问题可能的解决方法，比如钝化钙钛矿表面不饱和离子，选取更有效的电子和空穴传输材料来提升器件稳定性等。

（7）记笔记——康奈尔笔记法。

记笔记的目的是帮助读者梳理对于文章的理解，列出对自己有用的信息，也方便自己在科研工作中通过笔记来迅速定位相关文献。接下来，介绍一种科学的记笔记方法——康奈尔笔记法，这是康奈尔大学的 Walter Pauk（沃尔特·波克）博士于 1974 年提出的一种有着固定格式的、系统的记笔记方法，通过将笔记空间进行分隔来提高记笔记的效率，是记与学、思考与运用相结合的有效方法。

康奈尔笔记法的页面布局包括四个主要部分（图 3.22）：主题栏，最上方区域，记录文献的标题、期刊、作者等；笔记记录区域（Notes），右侧最大的区域；提示栏（Cue column），左侧较小的区域，记录关键词（Keywords）和评论（Comments）；总结栏（Summary area），底部区域，对文献进行总结。图 3.22 中最右边的图为笔记记录后的样子。

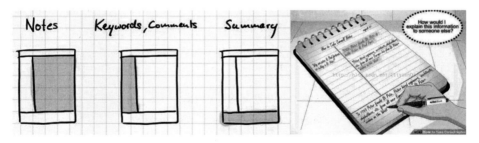

图 3.22　康奈尔笔记法的示意图

康奈尔笔记法又称 5R 笔记法。5R 代表 5 个首字母为 R 的英文单词，分别为 Record（记录）、Reduce（简化）、Reflect（思考）、Recite（背诵）及 Review（复习），如图 3.23 和图 3.24 所示。

① 记录。在页面顶端写上文献的标题、期刊的名称、作者等信息。边读文献边记笔记，笔记只能记录在笔记记录区，即右侧最大的这块区域。a. 记录读者认为有用的信息，如在调研阶段，主要记录这个领域的基本概念、原理和方法，例如钙钛矿的定义和起源、钙钛矿薄膜的制备方法、钙钛矿太阳

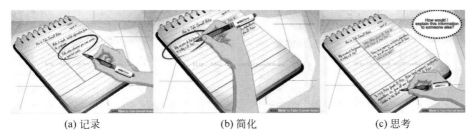

(a) 记录　　　　　　　(b) 简化　　　　　　　(c) 思考

图 3.23　康奈尔笔记法的记录、简化和思考过程

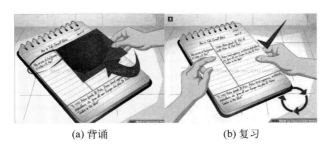

(a) 背诵　　　　　　　(b) 复习

图 3.24　康奈尔笔记法的背诵和复习过程

能电池的器件结构等。b. 记录暂时不能得到答案的问题,即对论文有疑问的地方,尤其要标记文献中的推测和猜想,这些都是作者没有给出直接证明的推论。c. 记录灵感的火花,在读文献时想到一个很好的想法(Idea),一定要及时记录下来。记笔记时,可以使用着重号、波浪线、不同颜色等标记自己认为重要的信息,也可以画示意图、流程图、箭头图等梳理自己学到的知识。

② 简化。总结关键词,提出关键思想。把浓缩后的要点记录在左侧的提示栏中。关注提炼出的重要知识点和概念,写出联想到的相关问题。

③ 思考。前面的记录和简化是信息搜集和凝练的过程,而到思考这一步,就是信息的消化和加工过程。把总结写在页面底部的总结栏中。用自己的话来总结这篇论文的主要内容,有助于理清记录的所有信息。问自己"如果向别人分享这篇文献,该如何去说?"。总结栏里也可以写一些文献阅读的随感、意见、经验体会等。

④ 背诵和复习。阅读笔记,重点看左侧提示栏和底部总结栏里的内容,这些涵盖了笔记所有重要的知识点。利用笔记测试对知识的掌握程度。用

手或者一张纸盖住右侧记录区的内容,试着回答左侧栏中写下的那些知识点和问题;然后,拿开手或纸片进行核对,查看回答是否正确、完整。保持经常复习的好习惯,这将极大地提高记忆,加深对笔记的理解。笔记不仅仅是记录,更是在思考中学习的过程。

在阅读文献前,首先要明确阅读的目的。阅读文献的顺序是:a.通过看标题和关键词初筛论文,读摘要进一步确定文章对于自己的价值;b.阅读目录或者正文的小标题,浏览图表及其注释,了解论文总结了哪几方面知识点;c.读引言,了解论文的研究背景,主要是领域的基本概念和发展历程;d.精读正文部分,学习小标题下所总结的详细知识;e.阅读总结和展望,了解领域内尚未解决的问题以及可能的解决方法;f.利用"康奈尔笔记法"记笔记,边记笔记边思考,及时记录灵感。最后,经常复习笔记,经常思考问题。

2)精读2篇或3篇经典的专题性综述,大致了解整个小领域

通过阅读综合性综述,掌握了领域内的基本概念和知识,并了解了大领域所包含的小领域。选择自己感兴趣的小领域作为研究方向,精读这一小领域的专题性综述,对这个小领域的研究进展有大致了解,并通过专题性综述的展望部分明确这个小领域目前存在什么问题,有哪些可能的解决方法。这些将会成为潜在的研究方向和课题。

3)精读5～8篇里程碑级的原创性论文,掌握这个领域涉及的研究内容、研究方法、技术手段、数据的解释、结果的价值等

综述只是总结了文献的核心内容,如想法、创新点、主要数据和重要结论等,对于原创性论文的细节涉及很少,如实验手段和方法、数据的分析解释等。想要了解这个领域更具体的知识,需要精读5～8篇里程碑级的原创性论文,掌握这个领域涉及的研究方法、技术手段、数据的讨论和解释、结果的价值和意义等。经典文献包括高被引论文和热点论文,还有顶尖期刊上发表的论文。此外,还要关注经典综述所引用的论文。精读文章时,求精不求多,切忌喜新厌旧,不要一篇还没读完就读另一篇。

阅读原创性论文的顺序和综述性论文相似,但也有细微的差别,阅读原创性论文的顺序大致如下:

(1) 阅读论文的标题、作者和作者单位、关键词——初筛论文,被题目所吸引。

(2) 阅读论文的摘要和结论——了解论文的基本内容,确定论文对于自己的价值。

(3) 浏览小标题及图和表——了解更多细节以及作者设计实验和写论文的思路。

浏览图和表,包括图注和表题,这些是和论文所做工作密切相关的。通过阅读综述,了解这个领域常规的实验方法和表征手段;然后阅读原创性论文,学习实验数据的解释和分析,例如,表征钙钛矿薄膜形貌和结晶性的常用手段有扫描电子显微镜(SEM)、原子力显微镜(AFM)、X射线衍射(XRD)图等,如何分析和解释这些数据,需要积累相关知识。经过一段时间的学习,对这些数据熟悉以后,可以通过浏览图表,大概猜测图表的规律和作者的解释,重点关注新颖的测试手段和理论解释。

(4) 阅读引言——了解论文的研究背景和研究原因。

通过阅读引言,了解作者为什么做这项工作以及这项工作最大的创新点是什么。

(5) 阅读结果和讨论——论文的核心内容。

结果和讨论部分包含了大量的细节,有非常多的数据(包括补充材料里的数据),还有详细的数据分析和解释。建议读者把关注点放在解释上,学习如何分析数据。例如,通过XRD图可以分析什么?如何计算钙钛矿的晶粒尺寸?通过XRD计算的晶粒尺寸与SEM观察到的晶粒尺寸是否一致?数据之间一定是相互支撑的,不能有相悖的地方。如果对这些表征手段和实验数据很熟悉了,可以浏览图表后,边猜测边快速阅读,关注猜测和论文实际解释不一致的内容,并重点学习,这样可以加快阅读速度。

(6) 阅读实验部分——了解作者是如何做这项工作的,特别是想要重复作者的工作。

当读者对这篇论文很感兴趣,想更好地理解论文中的数据和解释,或者想要重复作者的工作时,需要仔细阅读这部分内容。有些论文,详细的实验过程放在补充材料里,如果想重复论文的工作,需要把补充材料下载下来。

由于每个实验室的实验条件不可能完全一样，即使完全按照论文中的实验条件去重复，也不能保证完全重复出论文中的实验结果，因此，需要根据自己实验室的条件自行摸索才行。

（7）使用"康奈尔笔记法"记笔记——边做笔记边思考，及时记录灵感。

4) 泛读至少10篇近两年的高水平文章，了解目前进展

经典论文通常都是年代较久远的论文。通过阅读综述论文和经典论文，可以详细了解一个领域的历史。而想要了解该领域的现在和将来，需要阅读近两年的高水平论文，特别是自己感兴趣的小领域的近期论文。

在经过这4个阶段的阅读之后，基本就完成了调研阶段，接下来，进入开题阶段，也就是找想法的阶段。

3.3.2 开题阶段

1. 开题阶段阅读的意义

任何理论都不是凭空想象出来的。想法源于读文献时产生的灵感。前面讲过，读文献不仅仅是单纯地记录别人的工作，更是一个在学习中思考的过程。学会批判性阅读，不要盲目地信奉文献。多想一想文献的不足之处，或者还有哪些问题没有解决，没有解释清楚，自己有没有方法解决？简单地讲，就是一个发现问题、解决问题的过程。

2. 开题阶段阅读的实施方法

想法源于对问题的思考。在阅读文献时，要勤于思考，斟字酌句时便会提出很多问题，这些问题自然帮助你产生很多想法。

【例3-36】 从题目为《钙钛矿太阳电池综述》的展望部分中（图3.21），我们了解到甲胺铅碘钙钛矿中的铅（Pb）是有毒的，如何解决Pb毒性问题？最直接的方法是将有毒的Pb元素替换成其他无毒的元素。有哪些元素可以取代Pb呢？打开元素周期表，看一下哪些元素与Pb元素同族，这是因为同族的元素有相似的价电子排布，因此有类似的化学性质。元素周期表中与Pb同族的元素有锡（Sn）和锗（Ge），于是将钙钛矿

中的 Pb 元素换成 Sn 元素，制备纯 Sn 钙钛矿是解决 Pb 毒性的有效方法（图 3.25）。纯 Sn 钙钛矿是钙钛矿领域一个重要的研究方向（小领域）。

图 3.25 是第一篇掺 Sn 钙钛矿太阳能电池的论文，是高被引论文。论文题目为《甲胺锡铅碘钙钛矿太阳能电池，吸收上限高达 1060nm》，即光响应最长波长为 1060nm。一般而言，纯 Pb 的钙钛矿最大吸收波长为 800nm 左右，而掺 Sn 后可以增大到 1060nm，说明 Sn 掺杂使得钙钛矿的吸收光谱发生了红移。圆圈的 Supporting Information 标志，预示着这篇论文有补充材料。

图 3.26 是这篇论文的摘要和图文摘要。摘要的前两句介绍了所研究的 Sn/Pb 卤素基钙钛矿以及所制备的太阳能电池器件结构。接下来，直接给出了实验结果：

"Sn 卤素钙钛矿自身不显示任何光伏特性"

——纯 Sn 钙钛矿太阳能电池没有光伏性能

"只有将 PbI_2 加入 SnI_2 中，才观察到光伏特性"

——Sn 部分取代 Pb 后做出了效率

"基于 $CH_3NH_3Sn_{0.5}Pb_{0.5}I_3$ 的钙钛矿获得了最佳的器件性能。效率为 4.18%，开路电压 0.42V，填充因子 0.50，短路电流 20.04mA/cm_2"

——Sn 取代了一半的 Pb 后，效果最好

"外量子效率曲线的边缘达到了 1060nm，相比于纯 Pb 的钙钛矿太阳能电池有 260nm 的红移"

——1060nm 这个最长响应波长被反复提到，说明是论文的最大亮点

采用 Sn 部分取代 Pb 后，可以拓宽钙钛矿的吸收光谱范围，有可能提升器件的短路电流和效率。右侧的图文摘要（TOC）也是围绕拓宽吸收光谱这个亮点设计的。

读完这篇论文，需要思考以下几个问题：

(1) 纯 Sn 钙钛矿为什么没有光伏特性？是真的做不出效率还是这篇论文没有做出效率？

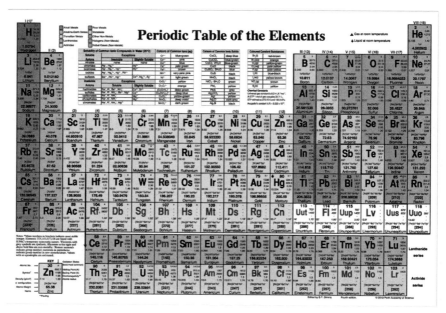

图 3.25　元素周期表和第一篇掺 Sn 钙钛矿论文

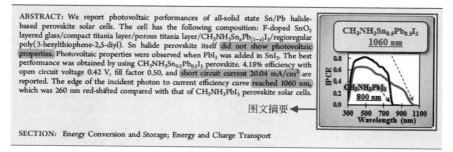

图 3.26　掺 Sn 钙钛矿论文的摘要和图文摘要

(2) 为什么 Sn/Pb 共混的钙钛矿太阳能电池最高只有 4.18% 的效率，比纯 Pb 钙钛矿的效率低很多？有没有提升的方法？

(3) 论文所采用的器件结构是最优结构吗？有没有改进的空间？

(4) P3HT 空穴传输层合适吗？

(5) 引入 Sn 元素后，钙钛矿及其器件的稳定性如何？

这些问题都可以成为一个研究课题，继续研究下去。思考才能提高自己。一篇论文为什么能发在 *Nature*、*Science* 这些顶尖的学术期刊上？它的创新点是什么？作者是如何想到这个想法的？他的工作无懈可击吗？沿着这条思路还能做什么？他有哪些问题没有想到或解决？只有勤于思考，才能提升认识水平和视觉角度。也就是看问题的水平很高，能看到深层次的问题，角度也很独特，科学问题出发点也会有很大的提高。

3.3.3 课题开展与论文撰写阶段

在课题开展与论文撰写阶段，阅读文献的重点或关注点主要集中在以下四方面：

1. 实验细节——有助于解决实验过程中遇到的问题，有时需要看补充材料

实验一直做不出来，找到相关文献后，只关注文献的实验部分即可，仔细阅读实验细节，寻找做不出来的原因。

2. 数据分析——学习如何分析和解释数据

找到相关文献，直接定位不会分析的数据即可，比如不会分析 XRD 图，则只关注论文中 XRD 的数据分析和解释部分，学习如何描述和分析 XRD 数据。

3. 论文写作思路——论文的构思、组织和布局

论文撰写阶段，学习如何构思、组织和布局论文，也就是如何"讲故事"。这部分内容会在第 4 章"科技论文写作与发表"中着重去讲。写论文前，首先要列一个提纲。对所有数据进行分析、整理和重新组合，将阐述同一个问题的相关图片组合在一起。同时筛选出重要的数据,不重要的数据可以不放在论文里或放在补充材料里。"讲故事"的方式主要有以下两种:

1)娓娓道来型

先给出想法的各种优势,然后展示核心结果。

【例 3-37】 图 3.27 为题目 *Efficient planar heterojunction perovskite solar cells by vapour deposition* 论文的布局。

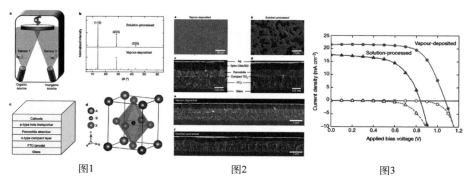

图 3.27 娓娓道来型论文的布局

该论文采用娓娓道来的方式,图 1 和图 2 给出了气相沉积法相比于传统溶液旋涂法制备钙钛矿的优势,例如气相沉积法制备的钙钛矿薄膜致密、无针孔且很平整,而溶液旋涂法制备的钙钛矿薄膜表面有很多孔洞且很粗糙。最后,展示核心数据,气相沉积法制备的钙钛矿太阳能电池的效率显著高于传统溶液旋涂法制备的器件效率(图 3)。

2)倒叙型

先展示核心结果,再分析产生这样结果的原因。

【例 3-38】 图 3.28 为题目 *Compact Layer Free Perovskite Solar Cells with 13.5% Efficiency* 论文的布局,采用的是倒序的方式。首先展示核心数据,即没有 ZnO 电子传输层(ETL)的器件效率最高可达 13.5%,非常接近于有 ZnO ETL 的器件效率 13.7%(图 1)。然后,通过测试光致发光光谱(图 2)和交流阻抗谱(图 3)分析了没有 ZnO ETL 也能获得高效率的原因。

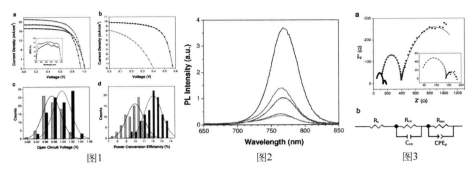

图3.28 倒叙型论文的布局

4. 英语表达——学习好的词汇和句型

英语学习是一个日积月累的过程，平时看文献的时候，多积累一些好的词汇和句型，这样在写论文时，可以套用句型，写出地道的英语。以引言首句为例：

【例3-39】 引言首句示例。

"Solution-processable organic-inorganic hybrid perovskites have attracted attention as light-harvesting materials for mesoscopic solar cells."

（可溶液制备的有机-无机杂化钙钛矿作为介观结构太阳能电池的光吸收材料引起了人们的关注。）

"Perovskite semiconductors have attracted tremendous attention beginning with their incorporation into photovoltaic devices by Miyasaka et al. in 2009."

（钙钛矿半导体从2009年被宫坂力等引入光伏器件以来，引起人们的极大关注。）

"The hybrid organic-inorganic perovskites have attracted intense attention for thin-film photovoltaics, due to their large absorption coefficient, high charge carrier mobility and diffusion length."

（有机-无机杂化钙钛矿由于具有大的吸收系数、高的载流子迁移率和扩散长度在薄膜光伏领域引起了强烈的关注。）

这三篇论文中都用到了"have attracted attention"这样的表达方式。再如,表达原因的方式有很多种"due to, as a result of, owing to, because of, arising from, stemming from",平时可以多积累这样的句型,等到写论文时,就可以套用这些句型了。

3.4　本章小结

　　本章首先介绍文献的四种类型,即全文、通讯、综述和评论;其次介绍论文的基本构成,包括标题、作者和作者单位、摘要、图文摘要和关键词、引言、实验和方法、结果和讨论、结论、参考文献、其他(致谢、作者贡献、利益冲突、补充材料);最后针对不同的阅读目的或所处的研究阶段,归纳出阅读文献的方法和顺序。对于调研阶段,首先看题目、关键词、摘要和结论,看是否感兴趣;其次浏览图表及注释、引言,确定是否有必要深挖下去;最后,看结果和讨论以及实验部分,深入理解文章内容,包括细节,有必要的话重复论文的工作。在读文献过程中,使用"康奈尔笔记法"记笔记,可提高阅读效率。对于开题阶段,要边读文献边思考,通过阅读引言思考作者是如何想到这个想法的,工作的创新点是什么,沿着这条思路还能做什么,论文中有哪些问题没有想到或解决。只要勤于思考,就能产生很多想法。对于课题开展和论文撰写阶段,针对不同的目的,直接定位不同的内容。总之,读文献之前,一定要想好从文献中想要获得什么信息,做到有的放矢,只要达到目的,就可以随时停止阅读,这样才是高效的阅读方式。

习题

　　1. 科技论文主要分为哪四种类型?

　　2. 科技论文主要由哪几部分组成?每一部分的作用和要求是什么?

　　3. 在不同研究阶段,文献阅读的目的和顺序是什么?

　　4. 康奈尔笔记法的页面布局及笔记要求是什么?

　　5. 就自己感兴趣的领域搜索相关文献,运用本章所讲的方法阅读文献,使用康奈尔笔记法记笔记。

第4章 科技论文写作与发表

本章学习目标
- 了解科技论文的语言特点；
- 熟练掌握科技论文各部分的写作要点；
- 了解论文投稿的基础知识。

第3章具体介绍了科技论文的结构和阅读方法，本章在此基础上先总体介绍科技论文的语言特点，再具体介绍科技论文的写作要点和各部分写作的注意事项，最后简单介绍论文投稿的相关知识。

4.1 科技论文语言特点

撰写科技论文是科研工作的重要组成部分，是对科学研究工作的分析、整理、总结的过程。科技论文也是科研工作者交流研究工作的主要媒介，将研究成果公之于众，互通有无，以促进科研水平的提高。为了提高交流的效率，科技论文具有较为固定的格式和语言习惯。科技论文几乎不使用修辞手法，主要以第三人称进行写作，力求客观准确。科技论文的主要语言特点是格式固定、语言简洁、条理清晰和用词准确。

1. 格式固定

目前，绝大部分科技论文都是按照 IMRAD(引言、方法、结果和讨论)结构去写作。这种高度结构化的 IMRAD 格式在 19 世纪末科学飞速发展的时代逐渐形成,并在现代仍然占据主流。这种严谨的格式提高了科研成果的交流效率,读者不需要阅读全文也能够快速获得自己需要的信息。逐一介绍论文研究了什么(引言)、怎样研究(方法)、发现了什么和有什么意义(结果和讨论),这个格式也利于帮助作者梳理思路。固定格式也能够帮助读者迅速找到自己需要的信息,提高交流沟通的效率,使论文的价值最大化。

因此,在论文的撰写过程中要遵循格式要求。一般在期刊的投稿须知里对论文的格式有十分具体的要求,在论文动笔之前建议作者仔细阅读。因为论文的格式不符合要求而被拒稿是十分可惜的。

2. 语言简洁

科技论文是为了传播科研成果,所以语言应该尽量简洁,突出重点。作者应该直接给出研究结果,直截了当地对论文研究结果和意义进行评价,尽量避免使用修辞手法。描述过去的实验方法、结果使用过去时。描述普遍接受的一般性原理使用现在时。

科技论文中有很多常用的句式和句型,平时阅读文献时要多积累,写论文时可以用得上。

3. 用词准确

科技论文写作要遵循科学道德,文章用词要准确。对于实验现象和实验结果,作者务必要准确记录,不能伪造数据,不能出现一些模糊不清的词,如大概、大约等。对研究结果进行分析讨论时,要实事求是,要有理论依据,不能主观臆想,随便猜测。科技论文中也常常会有一些无法利用现有理论解释的现象,论文中应该给出一些推测,此时作者用词更要谨慎。

4. 条理清晰

科技论文是对自然科学规律的探索,所以科技论文应该富有逻辑性,条理清晰,易读性强。应注意以下几点:

(1) 论文写作上可以多用"首先""其次"等表明逻辑关系的副词。

(2) 要考虑读者对论文的专业内容可能不够熟悉,适当介绍研究背景。

（3）整篇文章按照从浅入深的逻辑顺序安排材料，在段落之间加一些承上启下的句子，起到过渡的作用。

（4）每个小部分结束后，要及时用一两句话进行小结。

（5）实验结果之间要能互相验证，逻辑上层层深入，得出结论。

既然科技论文格式固定，那么是否可以编写程序来完成论文写作呢？目前也有这方面的研究。计算机工作者编写了一个程序用于写论文，$Paper\ Robit$ 这篇文章详细介绍了这个程序，也包含很多利用这个程序写作的例子。目前这个程序还不是很完善，不能很好地提炼论文的精华进行写作。未来社会将有很多的人类劳动利用机器来完成，在科研方面，目前也已经有一些研究是利用计算机程序自主进行科研文献检索、分析并自动设计实验方案。但是科技论文的写作过程中包含了很多人类脑力劳动，而且是非常富有创造性的脑力劳动，也是不能被机器所替代的部分。写论文是科学研究工作非常重要的一部分，不仅仅是将研究工作记录好，也要对研究结果进行分析总结，是研究工作最有意义的部分。

4.2 科技论文写作要点

科技论文的格式较固定，主要有标题、摘要、引言、结果和讨论几部分，这几部分也是写作的重点。

4.2.1 科技论文的写作流程

1. 论文构思

科技论文是科研成果的体现，研究工作结束后就可以开始论文的撰写。论文的写作要早思考，当实验完成大部分时就可以开始构思论文，思考论文的主要结论、是否能够解释所有的实验现象、能否自洽、是否还需要添加一些实验证据。这些思考对于实验工作的开展也具有指导意义。

2. 编写写作大纲

编写大纲是帮助作者理清思路的重要途径，归纳总结论文的创新点、主要结论,论文每个章节的重点内容,主要数据图表的逻辑顺序等。将构思的论文落实到纸面上,可以及时发现现阶段存在的问题,如需要补充查询的文献、未完成的实验等。

3. 文献检索和阅读

文献检索和阅读是从科技论文的选题开始就要进行的重要工作。在论文写作阶段,根据写作思路的不同,往往需要从不同角度对文献进行分析整理。需要对文献进行重新检索,也要补充相关领域最新发表的文献。

4. 完成初稿

论文的材料准备好后,不必按照论文的结构来写作,可以按自己的写作习惯先完成比较简单的部分,也可以先写作比较困难的部分,一块一块写好后再统一梳理。可以规定一个时限,要求自己在限定时间内完成论文的初稿,以提高效率。

5. 修改

论文初稿完成后要反复修改,不能急着投稿。自己修改没有错误后,要请导师和同行专家帮忙修改,提意见。在投稿前要反复阅读论文,提高稿件的质量。

决定一篇论文水平高低的最主要因素是论文的学术水平,也往往反映作者的学术研究水平。但是论文的写作水平也对论文的发表有很大影响。常常可以看到有一些水平相近的研究发表在影响因子不同的期刊上,最后文章的影响力有很大不同。其中的重要因素之一就是论文的写作水平。由于写作水平的限制导致好的研究成果被埋没是十分可惜的事情。

要想写好论文,一定要多练习。然而往往科研工作的最后一步才是撰写论文,有没有其他方法可以提高论文写作水平呢?在阅读文献的过程中,可以多思考,模仿论文写作的过程,达到多练习的效果。看到论文的标题,可以猜测一下论文的主要内容是什么,如果自己是作者,会怎样安排数据,怎样写论文。

4.2.2 科技论文各部分写作注意事项

1. 标题

标题是读者对论文的第一印象,好论文的标题要能清晰准确地概括全文的内容,吸引相关领域的研究者。在计算机文献检索系统中,标题是十分重要的检索条件。好的标题也应该利于论文的检索,以便潜在的读者发现阅读论文。不恰当的标题可能不会被潜在读者找到,从而限制论文的传播和影响力。

标题应该怎样写呢?

(1) 标题应当简短精炼,一般不是完整的句子。

(2) 多为一个名词性词组,同时也要注意标题中形容词的语序。

(3) 标题中要选择与正文中一致的单词和短语,尽量避免使用缩写和偏僻的专业术语。

(4) 如果标题太长需要使用专有名词的简称,则要在文章的摘要和关键词中给出该专有名词的全称。

【例 4-1】 二氯甲烷(Dichloromethane,DCM)是专有名词。在标题中一般不使用缩写,写作二氯甲烷或 Dichloromethane,而当标题比较长时可以使用简称 DCM。但文章的关键词不能使用简称 DCM,要使用全称二氯甲烷或 Dichloromethane。因为简称 DCM 在不同学科中可能具有不同含义,如果用作关键词在检索时可能会影响检索精度。

(5) 标题的字数最好控制在 10~15 个字,太长显得啰嗦,太短则空泛不具体。

(6) 最好不要以《XXX 研究》为题,这是个动词词组。如果是综述可以写成《XXX 的近期研究进展》;如果是研究型论文,可以加一些形容词修饰。

【例 4-2】 《二维半导体材料研究》这个标题太短了,而且范围很大,二维半导体材料可以说是一个研究领域,作为文章的标题太宽泛了。建议加一些形容词进行限制,缩小范围。比如具体哪一种二维半导体材料,或者在哪一个方面的研究,如比较突出的性质或者应用等。

【例 4-3】《基于光场相机成像的研究》这个标题语义不明确,好像话没有说完。应该再具体一点,针对光场相机成像的哪一方面的研究,是机理研究还是应用上的拓展。

2. 摘要与关键词

1)摘要

摘要是论文的关键和精华所在,是对论文中所有内容的总结,可以看作论文的迷你版。摘要的写作要求简要总结如下:

(1)摘要的内容和全文内容要统一,摘要部分重点强调的内容一定也是论文的重点。

(2)不同期刊对摘要字数要求不同,写作时要遵守期刊的要求,多数在300~500字。

(3)通讯论文中研究背景介绍可以省略,主要介绍全文的内容。

【例 4-4】 "Diamond powder was synthesized through a metallic reduction-pyrolysis-catalysis route with the reaction of carbon tetrachloride and sodium at 700℃, in which the sodium was used as reductant and flux. This temperature is much lower than that of traditional methods. The X-ray powder diffraction patterns showed three strong peaks of diamond. The Raman spectrum showed a sharp peak at 1332 inverse centimeters, which is characteristic of diamond. Although the yield was only 2 percent, this method is a simple means of forming diamond."

这篇摘要就直接介绍论文的主要研究内容,没有涉及对研究背景的介绍。

(4)摘要部分只需简要介绍研究背景,帮助读者在不需要阅读正文的情况下也能粗略评估论文的研究意义和水平。所以不要将大段的研究背景介绍写入摘要。

【例 4-5】 "光场相机应用一种新的成像技术,利用光学手段获取四维光场信息,包括目标辐射的二维空间分布信息和辐射传播的二维方向信息。光场技术是从包括波长、位置、方向、偏振、时间等在内的光场全要素出发,获取及利用光场信息进行成像、三维测量或显示的一类技术。与传统相机相比,光场相机在实际应用中可以获得大的景深范围。因此光场相机研究是一项十分关键的工作。"

这个摘要对于研究背景介绍太多了,却没有介绍本文的主要内容。

(5) 摘要部分的受众比正文更广,面对不同领域的研究人员,尽量不使用缩写。

(6) 为了吸引更多的读者阅读论文,摘要部分会给出最关键的数据参数(图 4.1),但是不会给出数学公式和表格。

(7) 目前比较常见的是图文摘要,即在摘要部分给出一幅能总结全文内容的图片。如图 4.1 中给出的是文章中最重要参数:吸收峰范围的对比图,另外给出关键参数开路电压、短路电流和填充因子。

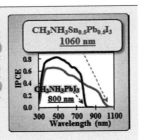

图 4.1 论文的图文摘要举例

论文一般要经过几次修改才能最后定稿,往往会和初稿有较大出入,所以建议摘要部分放在最后写作。摘要主要包括四部分内容,写作时也可以按照这个顺序依次对全文内容进行总结,得到论文的摘要:

(1) 陈述研究工作的主要目的或研究背景。可以从读者的角度思考:论文最吸引人的地方是什么,论文的研究最有价值的地方在哪里。一句话点明论文的意义。

(2) 描述论文采用的主要研究方法。这部分在引言中会详细介绍,这里用一句话概括就可以。如果论文的研究方法是论文的重点,则重点介绍。

(3) 总结论文的研究结果。这是摘要部分的重点,可以在字数要求内尽量详细描述。

(4) 给出主要结论。总结研究结果的重要性,表明研究结果在学术上或者应用上的价值,一般一句话即可。

【例 4-6】 "Although the automatic synthesis of molecules has been established, each reaction class uses bespoke hardware. This means that the connection of multi-step syntheses in a single machine to run many different protocols and reactions is not possible, as manual intervention is required.(简要介绍研究背景)Here we show how the Chemputer synthesis robot can be programmed to perform many different reactions, including solid-phase peptide synthesis, iterative cross-coupling and accessing reactive, unstable diazirines in a single, unified system with high yields and purity. Developing universal and modular hardware that can be automated using one software system makes a wide variety of batch chemistry accessible.(论文的主要研究方法)This is shown by our system, which performed around 8,500 operations while reusing only 22 distinct steps in 10 unique modules, with the code able to access 17 different reactions.(论文的研究结果)We also demonstrate a complex convergent robotic synthesis of a peptide reacted with a diazirine——a process requiring 12 synthetic steps.(论文的主要结论)"

【例 4-7】 "本文就 LED 驱动电源的研究、设计以及其带来的影响进行了综述,笔者也提出了一些自己的问题,具有一定的现实意义。"

这个摘要太简短了,应该就驱动电源的研究、设计、影响及自己的问题分别展开加以简短叙述,使读者能够通过摘要大概了解论文的主要内容。

2) 关键词

关键词一般选择最能体现论文重点的词语,大部分关键词会出现在论文标题中,所有的关键词都会出现在论文的摘要里。

关键词不能取得过大,要具体,能够帮助读者快速检索到论文。尽量选择《汉语主题词表》中的规范词语。

【例 4-8】 关键词选为"有机化学"。有机化学是个二级学科,作为一篇文章的关键词范围太大了。关键词可以选择某个具体的反应,某种结构衍生物,某种特别的性质等。

一篇论文一般列出 3～5 个关键词,关键词的选取可以参考同领域的论文,也可以参考论文参考文献的关键词。

3. 引言

引言部分可以看出是论文研究背景的一个小综述,引言的目的是给读者足够的相关信息,帮助读者理解论文的研究结果,并对论文的研究水平做出恰当的评价。引言部分主要包括:

(1) 清楚给出论文研究问题的意义。

(2) 简要回顾与论文联系紧密的相关工作。

(3) 明确指出论文要解决的科学问题。

(4) 明确指出论文采用的研究方法和策略。

(5) 陈述主要研究结果和主要结论。

引言部分的写作要求简要总结如下:

(1) 可以适当介绍一些背景知识,但是已经成为常识的内容不必写。

(2) 不要留悬念,提出问题后清楚地告诉读者本文对这一问题的解决思路,准备采用的方法。要清楚易懂地介绍论文研究的问题。

(3) 对于论文主要结论进行总结,选择两三个最重要最有特点的结论就可以,不要总结太多,容易冲淡重点。

(4) 引言部分和论文的其他部分要相互统一。对论文研究结果的评价要恰当,不能过分夸大。

(5) 引言中第一次出现的缩写要给出具体定义,避免误解。

(6) 准确评价论文和前人成果。不能过分谦虚也不能夸大其词,充分描述自己论文的创新点,准确评价论文的价值。评价前人的成果要谨慎客观,避免过分贬低。

(7) 相关领域最新的研究论文一定要引用。

（8）引言部分很多内容可以有固定的句式和表达，多阅读论文，注意英文例句积累。

引言部分的常见写法有两种，比较常见的是"漏斗式"写法，这种写法是由面及点，层层深入，逻辑上比较严谨。

首先开头部分要介绍论文的研究背景，可以选择一个能够引起读者兴趣、比研究领域稍大的"面"入手。接下来用一句话缩小话题范围引出论文的研究领域。用来作为开头的话题不要离论文的研究领域太远，如果两三句话还不能引入正题就会让读者觉得离题万里，从而对论文失去兴趣。

接下来是对研究领域的综述，而引言部分的背景综述与综述文章不同，不追求对研究领域的全面总结，要为论文的实验部分服务。可以先对这个领域的研究做简单介绍，提出目前存在的问题。再就这个具体的问题总结相关研究，并提出自己的方法。也可以根据实际需要直接提出存在的问题，再总结相关研究。提出问题、总结相关研究，这两个部分可以反复进行，直到将范围缩小到能准确体现论文的研究意义。当然，也不能将这个范围限定得太小，这样相当于给论文的研究添加了很多限制条件，论文的研究意义也会受到影响。因此，从什么样的角度去展开论述论文的研究背景，怎样才能既体现论文的研究意义又引起读者的兴趣，是引言部分的写作难点，也是需要作者仔细思考的关键。

接下来提出自己的解决方案，把论文的主要研究作为焦点，具体介绍论文的研究结果和主要结论。介绍论文的研究结果时，要按照论文的行文顺序进行，这一部分也相当于是全文的提纲。

在写作引言时要记住引言的目的是回答两个问题：作者为什么要做这个研究？读者为什么要阅读这篇论文？

【例 4-9】"微塑料已被证实广泛存在于海洋、湖泊等水体环境中，并能通过摄食作用被鱼类、贝类、虾蟹类等生物吸收积累，甚至还可以通过食物链向更高营养级生物迁移[1,2]，对人体健康构成潜在风险。近期研究表明，<u>陆地尤其是农地土壤中微塑料污染也应该引起重视</u>。农用地膜破碎、污泥和有机肥施用、污水灌溉、大气沉降以及地表径流等均能导致微塑料在土壤中积累[3-6]。有研究者估计，每年向欧洲和北美农田土壤中输入的微塑料分别达到110 000t和730 000t,这一数字远超过全球海洋表层微塑料的输入量[3,7]。目前,我国已有滨海潮滩土壤和农田土壤中微塑料的类型、丰度及分布的研究报道[8-9]。但对其在土壤动植物中的积累及其生物生态、食物链的风险尚缺乏研究与了解。<u>因此,亟待加强微塑料的农用地土壤污染研究,为我国农田土壤微塑料污染的风险管控与治理提供科学依据</u>[10]。(概括介绍课题的重大意义与其中存在的问题)

微塑料进入土壤后可改变土壤的理化性质,进而对土壤生物产生影响[11-13]。土壤中微塑料不仅可通过食物链传递、富集带来潜在的健康风险[14],而且也可影响作物的<u>生长发育</u>。已有研究发现微塑料能降低小麦种子发芽率,损害小麦叶片的光合系统,并抑制其生长[15-16]。但是,土壤中微塑料能否进入作物体内有待证实。我们前期的研究表明,水培条件下生菜能吸收和积累聚苯乙烯塑料(0.2μm)微球,并能将其运输到可被直接食用的茎叶之中[17]。Jiang等[18]则报道了水培条件下聚苯乙烯微球(0.1μm)可以被蚕豆根系吸收和积累,并且能干扰营养物质运输,产生遗传毒性。(综述其中一个方面的工作)小麦作为全球广泛种植的粮食作物之一,是中国第二大粮食作物,在我国北方地区种植和食用尤为普遍[19]。同时,小麦作为一种禾本科作物,其具有不同于双子叶植物的根系结构和根系分泌物组成[20-21],这些都可能影响其对塑料微球的吸收。<u>因此,微塑料能否被禾本科作物吸收和传递更值得关注</u>。此外,目前有关微塑料的植物吸收研究都是基于营养液水培实验,而水培环境与植物正常生长的固-液相环境差异较大,难以反映植物生长与吸收的真实状态。<u>因此,在模拟固-液相介质生长条件下探讨微塑料的植物吸收和积累更具有实际意义</u>。

聚苯乙烯是全球使用量较大的一种塑料聚合物类型,同时也是在环境中经常被检出的微塑料污染物类型[22]。本研究基于前期工作的基础,在实验室河沙基质砂培条件下,以荧光标记聚苯乙烯塑料微球为供试微塑料材料,运用激光共聚焦荧光显微和扫描电子显微技术,研究了微球在小麦幼苗体内的吸收、积累、传输和分布。研究结果可为进一步认知土壤-作物系统中微塑料的传递与积累机制提供方法学和科学依

据。"(提出自己的解决方法和实验的结果和主要结论)

这篇论文的引言第一句话从"海洋湖泊中的微塑料污染"入手,这个话题相对热门,能够引起很多读者的共鸣。第二句开始转入"陆地农用土壤中的微塑料污染",这个话题相对比较陌生,因此不直接提出。有了前面的铺垫再提出,就比较方便读者理解。接下来先强调微塑料污染的理论上的危害,再引用欧洲和北美的研究显示目前微塑料污染的严重性,最后顺理成章地提出问题:我国的微塑料污染情况如何?接下来的第二段开始试图回答这个问题。但本文并不是研究土壤,所以第二段开始进一步缩小范围到对微塑料污染农作物的影响上。再引用对于生菜、蚕豆等作物受污染的研究情况,最后引出本文的研究重点:小麦。在此基础上进一步介绍小麦的特点和目前的研究情况。可以看出对前人工作的综述,并不局限于一个领域。但和论文越相近的领域介绍得越详细,相关的研究性论文都要引用。对于比较宽泛的研究领域简单介绍基本研究情况即可,一般可以引用一些综述文章。

另一种情况,论文的研究比较前沿,这一研究方向相关工作较少甚至没有。此时引言主要介绍研究的意义并提出自己的解决方法就可以,此时可以使用"讲故事式"的方式开头,直接提出问题以引起读者的兴趣。

【例 4-10】 "Ca^{2+} activated Cl^- channels (CaCCs) are present in most eukaryotic cell types and are implicated in diverse functions including phototransduction, olfactory transduction, neuronal and cardiac excitability, smooth muscle contraction, and epithelial Cl^- secretion[1].(概括介绍研究背景)Bestrophin proteins constitute a family of CaCCs, distinct from the TMEM16 family[2-4], that open their anion-selective pores in response to a rise in the intracellular Ca^{2+} concentration[5-8]. Bestrophins have broad tissue distribution and, while their physiological roles are *not fully known*, evidence suggests that they function not only at the plasma membrane but also in other intracellular organelles[7,9](直接提出问题)"。

开头直接提出钙离子通道的重要性,引起读者兴趣。由于相关的研究比较少,这篇论文并没有对相关的研究进行综述。而是在第二句就提出这种生理过程的机理还不清楚,直接给出论文要研究的问题。论文后面直接就这个问题展开论述。这种写法非常简单明了,一下就给出读者关心的内容。值得注意的是,这种写法中后文的论述要和开头的风格保持一致。提出问题之后要尽快给出答案,不要制造悬念。

4. 实验方法

实验方法部分的要求是准确描述实验方法步骤,提供细节,以便同行重复论文中的实验。大部分读者可能更关心论文的结论和主要图表,对这部分不太关心,所以这部分内容有时会放在辅助信息中。

实验方法部分的注意事项简单总结如下:

(1) 实验材料应该给出商品名和采购的公司,特殊的材料还要给出厂商。

(2) 要清晰给出所用材料的来源、剂量、处理方法。

(3) 以人为实验对象,要取得接受试验人的同意并给出挑选标准;以动物为实验对象,要善待实验动物,获得相关委员会的批准。

(4) 要给出所采用的实验仪器、测试仪器的型号和生产厂家。给出测试条件和各项参数。

【例 4-11】 "本研究采用两种不同荧光标记(Nile blue 荧光染料标记的红色荧光微球,4-氯-7-硝基-1,2,3-苯并氧杂恶二唑标记的绿色荧光微球)0.2μm 聚苯乙烯塑料微球,均在水相中分散、保存,固含量为 1%,通过天津大鹅科技有限公司定制合成(给出采购的公司)。红色荧光标记的聚苯乙烯塑料微球在激发(620nm)/发射(680nm)波长下可观察到高亮度荧光。绿色荧光标记的聚苯乙烯微球在激发(488nm)/发射(518nm)波长下可观察到高亮度荧光,两者均具有良好的荧光稳定性[17]。通过激光粒度仪动态光散射(Zateseries Nano ZS90,Malvern Panalytical,英国)分析其水合粒径为(0.24±0.06)μm,利用扫描电子显微镜(S-4800,日立,日本)观察其微观形貌,其外观呈规则球形(图S1)。"

(5) 涉及的公式应该给出参考文献。

(6) 涉及的物理量和单位要准确。数据出现时,一定要标明数据的单位。正文中数字和单位之间要加空格。数据单位涉及字母的大小写和上标下标等按照规定,不能随意更改。

【例 4-12】 "38 200g" 应写成 "38.2kg"; "5 分钟" 应写成 "5min"; "2.5g,3.7g,2.2g" 应写成 "2.5,3.7,2.2g"; 毫升的单位符号是 mL,不是 ml。

(7) 实验部分的写作要注意细节,可以适当使用流程图和表,显示实验步骤,列出实验条件,适当使用表格展示不同的实验条件。

【例 4-13】 图 4.2 清晰地给出实验流程。

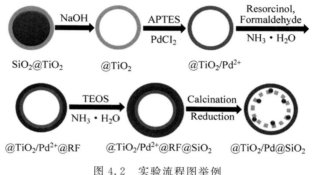

图 4.2　实验流程图举例

(8) 对于已有的实验,可以简述实验步骤不提供具体实验步骤,但是要列出参考文献。对于创新的实验步骤,要给出细节,便于后人重复。使用新的实验方法,一定要给出详细的实验步骤。

【例 4-14】 下文对制样过程进行了详细描述。

"TEM 的制样过程为:用低速锯将样品切成小片,每个小片包含完整的引脚,用树脂镶嵌露出样品截面,将其两面分别研磨,此时应控制两面研磨的厚度,使得在两面都能够看到模块与 PCB 的焊接界面,厚度为 1mm 左右。将研磨好的小片进行清洗,采用进口 AB 树脂胶将样品粘在 TEM 制样专用铜环上,确保要观察的界面位置对准铜环中心,固定后再次进行研磨,磨抛过程中样品尺寸和厚度逐渐减少,直至样品的厚度约为 30μm,直径约为 3mm。"

(9) 对于实验步骤的描述,应当尽量客观,一般以实验对象为主语不以实验者为主语，不出现"我、我们"，所以句式以被动句为主。描述实验过程以过去时为主。力求准确和精确，必须避免语法和标点错误。有时作者因对实验步骤太熟悉而发现不了错误，可以让其他人帮忙检查。

5．结果与讨论

结果部分主要是描述实验数据，是论文的核心部分，却比较好写，只要如实将论文的结果写出来就可以，不要对结果夸大或者歪曲。讨论部分是对结果的解释说明，解释说明结果的原理和普遍性的意义，指出工作的理论意义和实际应用价值，被普遍认为是论文中最难写的部分。目前的文章结构中，结果和讨论都是同步进行，一边展示研究成果数据，一边讨论结果的意义。

结果和讨论部分写作要关注的主要问题是逻辑顺序。论文是对课题或者项目的总结，而一个课题往往需要通过一系列的实验进行验证。一篇论文中要涵盖总结一系列的实验结果和结论，因此安排行文顺序是很重要的。真理是普遍存在的，一般一篇论文的主要结论也要通过几种不同的实验方法反复验证，所以写论文的时候就涉及这些方法的顺序问题。另一种情况是对同一个体系，一篇论文通常不会只研究其某一方面的性质，往往会系统研究几方面的性质，如材料的光学性质和电学性质等。而这些不同方面性质的研究结果也有排列顺序的问题。

一般情况下，引言部分的最后会给出论文最重要的结论。结果和讨论部分这里可以直接介绍最能反映论文结论的实验结果及其分析论证。将最重要的实验结果放在前面讲，后面再讲一些进一步的研究，如用其他方法验证、深入研究机理、理论计算、拓宽应用面的实验等。也有一些是理论计算指导实验的文章，就可以先把理论计算的预期和结果讲清楚，再讲实验的结果，对理论计算结果进行验证。结果和讨论部分是论文的主体，一般篇幅比较长，特别是全文类的研究型论文。为了方便读者阅读，可以把结果和讨论部分进行分类并添加小标题。每一个小标题的下面，也要进行段落的划分，比如每一张图的结果和讨论放在一段，每一个研究内容（一个小实验）的结果和讨论放在一段。

【例 4-15】 以"基于二芳基四氮唑修饰短肽的光敏超分子水凝胶"这篇文章为例,结果和讨论分成四部分,文中的小标题是:二芳基四氮唑的合成与光反应性能;二芳基四氮唑短肽成胶因子的筛选和表征;MeO-Tet-GA 水凝胶的光敏性能;MeO-Tet-GA 水凝胶的生物相容性。

这是一篇材料类的文章,按照从材料制备到性能研究的顺序组织数据。材料制备部分分成两块:单体的合成和水凝胶的制备,单体合成是水凝胶制备的基础所以放在前面讲。接下来介绍水凝胶的性质,论文主要研究了光敏性能和生物相容性。光敏性能是这种材料的主要特点,生物相容性主要影响材料的应用范围,因此先介绍光敏特性再介绍生物相容性。

具体到每个小实验或者每一段的写作,应该有开头,有结论,一般采用总分总的结构。首先应该先对实验进行总体描述作为开头(实验的目的,意义,重要结论……)。相邻的段落的开头要有一些变化,不要采用相同的句式,可以加一些承上启下的词语,像"进一步研究""在此基础上""深入分析"等。接下来是展示具体的实验结果,要充分利用各种数据图和表清晰地表达数据。多组数据之间要注意取舍和逻辑顺序,正文部分要选择有代表性的数据论述,最关键的数据重点论述外,除此以外主要阐述数据的趋势和变化规律,不必一一阐述相关数据。讨论部分一般跟在结果部分后面,进一步分析数据的意义得出结论。讨论部分以解释说明为主,包括:①根据已有的公式定理下结论;②对比类似的研究结果分析讨论;③对实验结果进行评价;④延伸出普适性的意义;⑤提出目前存在的问题;⑥探讨未来的发展方向等。讨论部分最能体现作者的水平,反映作者的知识储备和对相关领域的熟悉程度。多看相关领域的文献,深入学习才能提高讨论部分的写作质量。同样一张数据图,用以上不同的方法去分析可能会得出很多不同的结论。因此每个小部分的数据分析不追求面面俱到,应该有侧重点,要能够和全文的主要结论相符。最后每段结尾处应该有一个小结论,对本段进行总结。

【例 4-16】 "In Fig. 1b, we compare the X-ray diffraction pattern of films of $CH_3NH_3PbI_{3-x}Cl_x$ either vapour-deposited or solution-cast onto compact TiO_2-coated FTO-coated glass(开头，介绍实验目的)。<u>The main diffraction peaks</u>, assigned to the 110, 220 and 330 peaks at 14.12°, 28.44° and, respectively, 43.23°, are in identical positions for both solution-processed and vapour-deposited films(主要结果：两种方法都得到三个衍射峰), indicating that both techniques have produced the same mixed-halide perovskite with an orthorhombic crystal structure[8](讨论，评价：两种方法得到的晶体结构相同，引用文献判断晶体结构)。<u>Notably</u>, looking closely in the region of the (110) diffraction peak at 14.12°, there is only a small signature of a peak at 12.65° (the (001) diffraction peak for PbI_2) and no measurable peak at 15.68° (the (110) diffraction peak for $CH_3NH_3PbCl_3$)(结果：没有原料的衍射峰), <u>indicating a high level of phase purity</u>(讨论，评价：纯度比较高)。A diagram of the crystal structure is shown in Fig. 1d. The main difference between $CH_3NH_3PbI_3$ and the mixed-halide perovskite presented here is evident in a slight contraction of the c axis. This is consistent with the Cl atoms in the mixed-halide perovskite residing in the apical positions, out of the PbI_4 plane, as opposed to in the equatorial octahedral sites, as <u>has been theoretically predicted</u>[18]。"

【例 4-17】"为了验证 MeO-Tet-GA 水凝胶是否具有潜在的生物应用前景，我们进一步测试了其与细胞之间的生物相容性(<u>开头，介绍实验目的</u>)。<u>首先</u>，我们通过噻唑蓝(MTT)比色法测试了 MeO-Tet-GA 对小鼠乳腺癌 4T1 细胞是否具有细胞毒性。发现当采用 $500\mu M$ MeO-Tet-GA 与 4T1 细胞共孵育 3d 后，细胞的存活率仍在 90% 以上(图 5(a))(<u>具体实验结果</u>)。<u>此外</u>，我们还采用三维培养的方式将 4T1 细胞培养在 MeO-Tet-GA 的内部，并在培养 1 和 3d 后分别利用钙黄绿素-AM 和溴乙啡锭二聚体 1 检测活细胞和死细胞。如图 5(b,c)所示，在培养 1 和 3d 后，4T1 细胞存活率仍保持在 90% 以上(<u>具体实验结果</u>)。这些结果表明 MeO-Tet-GA 水凝胶具有良好的生物相容性(<u>评价实验结果</u>)，可以作为细胞培养基质用于研究细胞微环境对细胞行为的影响(延伸出普适性的意义)。"

6. 参考文献的引用

参考文献是论文必不可少的部分,也是论文中最简单的部分,但是往往最容易出现错误。这主要是由于不同期刊的格式要求不同,而且这部分没有逻辑关系,内容比较枯燥,作者如果不认真就会出错。一般来说,在期刊的作者指南中会给出具体的样例,要认真仔细按照要求撰写。还可以借助一些专门的参考文献管理软件辅助写作。在投稿前和校对时一定要对参考文献的格式进行专门检查。

参考文献的引用主要在引言部分。引言部分要详细介绍论文的研究背景,通常要大量引用前人的文章。引用文献的水平也可以反映论文的水平。因此,要认真选择参考文献,主要注意以下几点:

(1) 对于大家都知道的一些背景知识可以不用引用论文。

(2) 对研究领域的概括性介绍可以引用综述性论文。

(3) 研究领域的重点论文一定要引用。重点论文就是对于这个领域的发展有重大贡献、影响了这个领域发展的论文。

(4) 具体介绍某个研究领域的发展、分析存在问题时,要以引用研究性论文为主,引用文献要尽量全。

(5) 如果相关的文献比较多,要多引用该领域近期发表的论文。

结果与讨论部分有时也会引用参考文献,一种情况是提供某个实验的背景介绍,可能和整篇文章的研究背景不相关,但是对于理解这个小部分很重要,为了使读者更好地理解论文,这部分知识也要会在具体的实验结果和讨论部分前给出,这就涉及一些文献的引用。

【例 4-18】 "Hecht et al. recently identified[10b] that ortho-tetrafluoroazo-benzene has a slightly blue-shifted π-π* absorption when compared to its parent azobenzene. In 2011, Woolley's group reported[10a] that the substitution of the ortho positions with methoxy groups leads to the separation of the n-π* orbital of the cis and trans isomers and a red-shift of the π-π* band in the latter. In order to study the ortho-substitution effect on our system, we prepared complex 3 (Scheme 3)."（在介绍具体实验之前，先简单介绍了这方面的前期工作，涉及文献的引用。）

另一种情况就是在分析讨论实验结果时，将前人的研究成果作为已知，分析推断自己实验结果中的未知。引用类似的研究，相互对比研究方法，验证实验结果。

【例 4-19】 "In fact, the higher photostability of Cardipys 1a-3a than that of their Bodipy analogues could also be attributed to the cationic character that decreases their π-electron intensity and increases the oxidation potentials to protect against photobleaching."（这里将前人的研究结果当作已知的经验事实，对本文的实验结果进行解释。）

4.2.3 图表规范及描述

图和表是表达实验结果的有效工具，适当使用图和表可以事半功倍，清晰明了地展示实验结果。图主要描述数据的变化趋势，表能更直观地给出准确的数值。

1. 表格

表格的优势在于可以整齐地给出大量的数据，而不是照搬实验记录。论文中的所有数据都要有意义，表格中的数据也不例外。如果一张表可以用一两句话表达清楚就不需要使用表格。

论文中采用的表格多为三线表，表格中的同类数据一般纵向排列，方便读者阅读。图 4.3 即为三线表，表中只有三条横线，上下各一条，中间一条将数据和物理量（单位）分开。表格的表头要简洁明了，放在表格正上方。表格的下方可以适当添加表注对数据的意义进行适当解释，帮助读者不需要看正文借助标题和注释就能准确理解表中数据的含义。

表中有效数字要统一。有时数据比较多，如图 4.4 所示，表中列清楚后，在正文中只需要对其中最重要的数据进行详细阐述，不需要将所有的数据一一列举。论文中不止一张图时，不同的表格要采用相似的格式，保持风格

表 1 二芳基四氮唑修饰短肽分子的成胶性能[a]

Table 1 Gelation property of short peptides modified with biarylte-trazole[a]

Tet-Peptide	pH	c (mg/mL)[b]
MeO-Tet-GA	7.4	1.5
MeO-Tet-GAG	7.4	2.5
MeO-Tet-GGA	7.4	1.5
MeO-Tet-GF	—	—
MeO-Tet-GV	—	—

a) —表示不成胶；b) c 表示最低成胶浓度

图 4.3　论文的三线表举例

一致。在期刊的作者指南中，表格的格式应有具体的规定，写作时要遵循目标期刊的要求。

Table 2. Fitting Parameters for SQUID Data for Polycrystalline Diradical 2

	T [K]	Fit	H [Oe]	$2J/k$ or J'/k (SE, DEP)[a] [K]	θ (SE, DEP)[b] [K]	N (SE, DEP)[c]	SEE[d]	R^{2e}
χT	70–320	Diradical	30000	844 (14, 0.178)	−14.05 (0.08, 0.178)	NA	0.0028	0.9933
			5000	878 (16, 0.172)	−13.87 (0.09, 0.172)	NA	0.0029	0.9926
	1.8–70	1D-chain	30000	−13.87 (0.06, 0.902)	0.48 (0.03, 0.701)	1.093 (0.002, 0.842)	0.0026	0.9999
			5000	−14.00 (0.07, 0.903)	0.48 (0.04, 0.700)	1.100 (0.003, 0.843)	0.0030	0.9999
		Dimer	30000	−9.329 (0.23, 0.767)	1.33 (0.03, 0.308)	0.97 (0.01, 0.725)	0.0240	0.9927
			5000	−9.590 (0.25, 0.757)	1.70 (0.01, 0.228)	0.97 (0.2, 0.733)	0.0269	0.9909
χ	1.8–70	1D-chain	5000	−14.32 (0.11, 0.926)	0.52 (0.01, 0.481)	1.116 (0.008, 0.918)	0.0003	0.9871
			500	−14.00 (0.10, 0.927)	0.41 (0.01, 0.532)	1.068 (0.007, 0.917)	0.0002	0.989
		Dimer	5000	−5.49 (0.25, 0.866)	1.56 (0.02, 0.749)	0.57 (0.04, 0.676)	0.0048	-
			500	−7.73 (0.59, 0.769)	1.97 (0.01, 0.608)	0.77 (0.10, 0.562)	0.0089	-

	T [K]	Fit	H [Oe]	J'/k (SE, DEP)[a] [K]	N (SE, DEP)[c]	N_{imp} (SE, DEP)[f]	SEE[d]	R^{2e}
χT	1.8–70	1D-chain	30000	−13.82 (0.07, 0.9080)	1.086 (0.002, 0.8328)	0.0110 (0.0010, 0.832)	0.0028	0.9999
			5000	−13.85 (0.07, 0.8920)	1.094 (0.003, 0.8333)	0.0082 (0.0009, 0.752)	0.0032	0.9999
		Dimer	30000	−10.86 (0.07, 0.8817)	0.967 (0.003, 0.7830)	0.0696 (0.0014, 0.795)	0.0043	0.9998
			5000	−10.42 (0.10, 0.8542)	0.974 (0.005, 0.7751)	0.0537 (0.0018, 0.709)	0.0067	0.9994
χ	1.8–70	1D-chain	5000	−14.43 (0.11, 0.9194)	1.117 (0.007, 0.9079)	0.0108 (0.0002, 0.485)	0.0002	0.9899
			500	−14.03 (0.08, 0.9182)	1.067 (0.006, 0.9063)	0.0077 (0.0001, 0.504)	0.0002	0.9930
		Dimer	5000	−8.75 (0.26, 0.7387)	0.861 (0.028, 0.6951)	0.044 (0.001, 0.240)	0.0017	0.4916
			500	−8.36 (0.28, 0.7173)	0.814 (0.030, 0.6845)	0.038 (0.001, 0.175)	0.0018	0.3333

[a]J/k or J'/k, Heisenberg exchange coupling constant; $2J/k$ = singlet triplet energy gap in Kelvin; SE, standard error; DEP, parameter dependence. [b]θ, mean-field correction. [c]N, weight factor. [d]SEE, standard error of estimate. [e]R^2, coefficient of determination. [f]N_{imp}, weight factor for isolated S = 1 diradical.

图 4.4　论文数据较多的数据表举例

2. 图

　　图是论文的重要组成部分，通过图就可以了解一篇文章的大部分内容。图的绘制也是论文写作的重要步骤，在写论文的时候，通常可以先作图来理清思路，再撰写正文。论文中图的种类有很多，如数据图、流程图、示意图、卡通图、照片、显微镜照片等。其中数据图又可以分成柱状图、折线图、点线图和饼图等。不同类型的图片要求和绘制方法不尽相同。

　　（1）绘图时，首先要对数据进行取舍。例如图 4.5(a)，是根据实验测试得到的数据直接绘制出的光谱图。可以看出图中 1300~1400nm 范围的吸收为零,这部分数据并不是这个实验的重点,所以我们可以舍弃这部分数据。为了让图能充分展示最重要的数据,调整图的坐标轴范围,使重要的数据充满整个图片(图 4.5(b))。而且在坐标轴上要标明物理量及其单位。在图片的空白处可以插入图例、标出重要参数和计算公式等帮助读者理解图片内容。

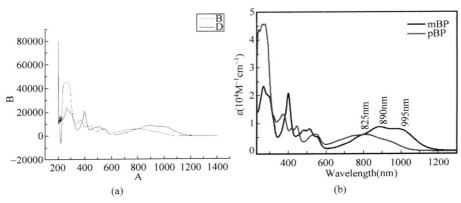

图 4.5　论文的数据图举例

(2) 上面是比较简单的两条曲线图,很多情况下一张图中有多条曲线。如图 4.6 所示,用三种不同颜色代表了三种材料,颜色的深浅代表了含量,非常清晰地表达了数据的意义。图中空白的地方还画出了具体的结构式,易于读者理解。这张图里用的主要是点线图,点线图中的点是实际测量得到的数据,线是一般将点连起来表示数据的趋势。如果得到的数据点比较少(10 个以内),就要画出点线图,表示点代表的数据是可靠的,而曲线代表的趋势可能会有误差。如果测试得到的数据比较多,像上图的吸收光谱,一般可以设置间隔 0.1nm 或 0.2nm 取一个数据,这样最少也会有几百个数据点,此时曲线代表的数据趋势是可靠的,就不用画成点线图,可以直接连成一条曲线。

(3) 有时点线图中的曲线是通过对数据点进行数学拟合得到的,这种情况就要给出所用的公式。目前常用的一些数据处理软件中会自带很多模拟公式,在使用的时候需要注意。一定要根据数据的物理意义选择合适的公式拟合,不能随便套用拟合公式。

(4) 另一类比较常见的图是各种显微镜的照片,包括电子显微镜、荧光显

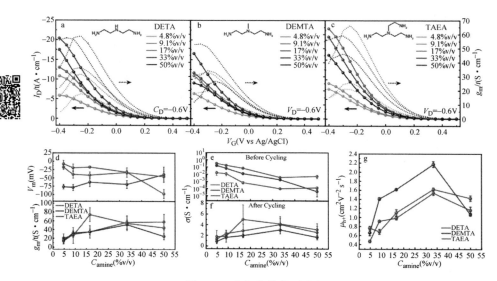

图 4.6　论文的数据图举例

微镜和普通光学显微镜等。显微镜的照片要注意标好标尺。有时照片整体比较暗,就需要调整标尺的颜色和粗细,使标尺清晰地显示出来(图 4.7)。有时多个同一放大比例的显微镜图排列在一起,也可以只在其中的一张图上标出标尺。

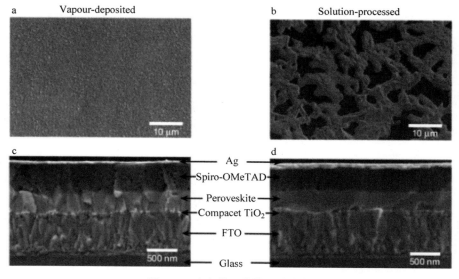

图 4.7　论文的显微镜图片举例

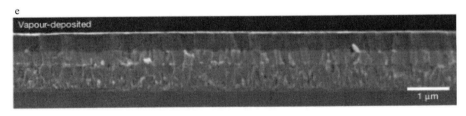

图 4.7 （续）

（5）图片多数情况下由几个图拼接而成，需要注意每个小图的位置和尺寸，要排列整齐。图 4.8(a)是结构示意图，图 4.8(b)是光谱数据图，图 4.8(c)是结构示意图，图 4.8(d)是晶体结构图。这几个图大小不一，不太容易排列整齐，这种情况下将字母(a)和(b)，(c)和(d)对齐也会使整个图看上去舒服很多。表面看上去这几个图的内容也不是很相关，其实这几个图都是讲钙钛矿的结构：微观结构((b)，(d))和宏观结构((a)，(c))。所以在安排图的组合顺序时，可以根据图片反映的内容去划分。

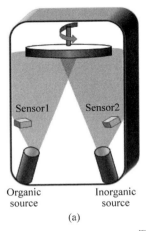

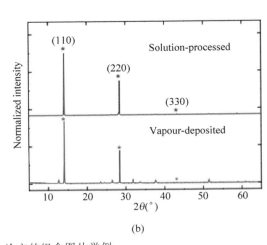

图 4.8 论文的组合图片举例

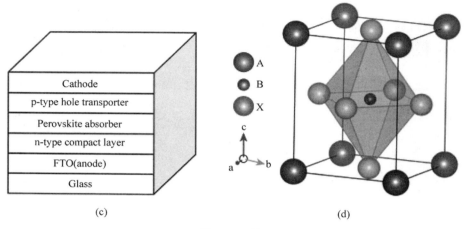

图 4.8 （续）

（6）图片内容要尽量简洁、易懂。图 4.9(a) 是一张照片，看起来很乱，但是作者把不同部分染上了不同的颜色加以区分，而且用箭头标示出每个部分。图 4.9(b) 是结构示意图，两张图中同样的部分标示了同样的颜色，这样就很方便读者理解。

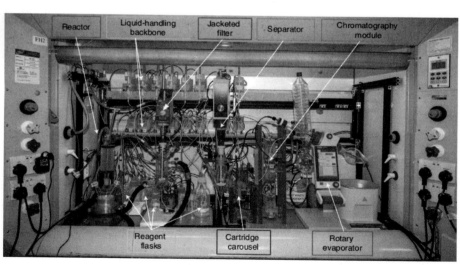

图 4.9 论文的照片示意图举例

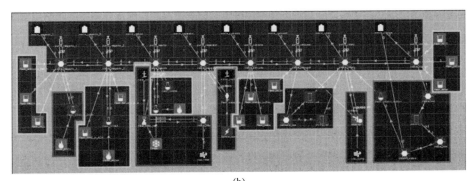

(b)

图 4.9 （续）

（7）需要注意的是，在同一篇论文中不同的图片中的字体格式配色也要统一，全文保持同一个风格。

（8）图片的大小和分辨率要遵循期刊作者指南的要求。很多期刊排版会分成两栏，图片的宽度就会缩短，要注意排版后图片内容和文字是否还清晰。

4.3 论文投稿

选择合适的期刊，认真准备投稿也是论文发表的必要步骤。

4.3.1 选择期刊

在准备文章的阶段，最好就有一个目标期刊。不同期刊对文章的格式要求不尽相同，有了目标期刊，准备文章时可以参考目标期刊的要求，成文后只需要稍做修改即可。期刊的数量逐年增加，水平良莠不齐，选择合适期刊投稿也是十分重要的。往往有一些论文由于"不适合本刊"而被退稿，这就浪费了许多时间。

（1）期刊的影响力是选择期刊时首要考虑的因素，论文发表就是为了扩大研究的影响力，让更多的研究同行了解自己的工作，期刊的影响力当然是要考虑的因素。如果因为期刊的影响力不够，导致好的研究成果埋没是非常可惜的。评价期刊的影响力，主要借助期刊的影响因子。中国科学院每年会发布期刊的影响因子，对期刊进行评价分析。可以参考期刊的影响因子选择合适的期刊投稿。

（2）期刊的类型也是需要考虑的因素。一般可以将期刊分成综合类期刊和专业类期刊。综合类期刊收录文章的学科范围更广，受众更广，影响力更大。而专业类期刊的文章集中在某个学科内，受众相对较窄，也有一些专业性强、口碑好，被看作是行业标杆的专业性期刊。投稿时要综合考虑论文的目标读者选择期刊。

（3）期刊的征稿范围也是很重要的因素。不同的期刊往往有不同的偏好，不要拘泥于期刊的名称。多关注期刊最近发表的文章，看看是否有本领域的热门文章发表。如果一个期刊最近两三年都没有发表这个领域的文章，虽然其征稿范围包括了这个领域，那么投稿时建议慎重。

（4）同时在选择期刊的时候也要注意期刊发文的速度，热门的研究课题往往有很多课题组在跟进，快速发表论文也是提高论文的影响力关键因素之一。因此，选择期刊也要关注期刊发文的速度，是否符合预期。

期刊的选择反映了作者对于文章档次水平的评估，需要作者对于本领域的研究水平和发展趋势非常熟悉。需要阅读大量的期刊论文，对本研究领域内的期刊了如指掌，选择适合自己文章的期刊。一般来说，首次投稿可以选择本领域影响力比较高的期刊，这种期刊的审稿人一般是领域内的知名学者，即使稿件没有录用，也可以收到一些有帮助的审稿意见。根据审稿意见进行修改可以使论文更完善。

4.3.2 投稿流程

投稿流程总结如下，为了保证发文速度和文章的时效性，每一个步骤都有时间限制。

（1）作者通过投稿系统进行投稿。一般要提交作者的信息，版权声明，论文全文、辅助信息等。还有一封写给编辑的投稿信，主要强调论文研究的重要性，突出论文的特点。

（2）编辑收到投稿后，先对论文的内容进行判断是否符合期刊征稿范围；检查格式是否符合要求、内容是否齐全。初步判断论文的水平是否和期刊的水平相符，在这一步就有一些论文被直接拒稿。编辑如果判断论文的水平比较不错,就会选择两三个审稿人,进一步审核稿件质量。

(3) 审稿人收到稿件后会仔细阅读论文,对稿件是否录用提出意见并给出理由。

(4) 审稿人将意见返回给编辑,编辑综合几个审稿人的意见,给出最终的审稿意见。审稿意见可以分为修改(大修、小修)、接收和拒稿三类。

(5) 作者根据审稿人的意见,对论文进行逐条修改,并且返回给编辑。

(6) 编辑再将修改后的文章返给审稿人。

(7) 如果审稿人对论文的修改表示满意,就会同意接收。如果审稿人仍然有意见,就会返给作者再修改,直到审稿人满意。

其中编辑不仅仅是作者和审稿人之间的联系,编辑自己对于文章的意见也十分重要。有时编辑也会自己对作者提出意见,这些意见作者也要认真回答。如果编辑给的意见是拒稿,则需要重新找其他期刊投稿。论文只要写出来,一定会有适合它的期刊。按照审稿人的要求对论文进行认真修改,论文一定会越改越好。作者在投稿过程中要保持信心,要有耐心。

4.3.3 投稿书信写作

投稿过程中要准备一篇投稿信,作用是向编辑推荐自己的文章。因此对投稿信的要求是要强调文章的主要结论及其重要意义,特别要突出文章中其他研究者也就是读者可能有兴趣了解、会受到启发的内容。

【例 4-20】 投稿信示例。

Dear Editor,

We would like to submit our manuscript titled "XXXXX" by XXX, et al. for publication in "XXXX" as Communication. This manuscript has not been published elsewhere in whole or in part.(先介绍论文的标题和作者,论文未发表)

On the basis of the significance of our findings, we anticipated that this new xxx compound will attract the attention of an interdisciplinary readership with interests in various areas, including chemistry, physics and material science.(突出论文的影响力)The key significance and impacts of our work are summarized as below:

A new xxx compound was synthesized, and carefully studied. XXX owns a zwitterionic structure with the π system splits into a positive xxx unit and a negative xxx part. (具体分析论文的创新点)

(1) **First report of XXX compound.** At first, we attempted to use radical to fabricate high-spin molecules. Fortuitously, we obtained this XXX compound. So far, XXX has not been reported due to the different synthetic approach. XXX is a symmetric stable 13 π radical, which owns unique physical properties and many applications in organic conductors and batteries. Therefore, XXX is an interesting building block for organic functional materials.

(2) **Unexpected xxx structure.** As no ESR signal was observed from this compound, the electronic structure of XXX was carefully investigated by DFT calculation. Unexpectedly, XXX owns a xxx ground state with the π system splits into a positive xxx unit and a negative xxx part. This unique structure would bring XXX many interesting physical properties.

Thank you very much for your consideration of this manuscript.

With best personal regards,

XXX

另一种常见的投稿书信就是对于审稿意见的回答。回信中首先要尊重审稿人，审稿是审稿人的义务劳动。有些审稿人专长于其他的研究领域，对于论文的内容，会有不同的意见，对于作者的思路也有好处。作者也不用一味地赞同审稿人，有不同观点都可以表达，健康理性地进行学术讨论。回稿中，对于审稿人的意见要重视，审稿人的问题要逐一回答并对文章进行相应修改。写出自己的见解和审稿人、编辑沟通交流。

【例 4-21】 审稿意见示例 1。

Reviewer: 1

Recommendation: Publish after minor revisions noted. (总体意

见：审稿人认为经过小修可以发表）

Comments：（下面是具体意见）

In this paper, XXX and co-workers demonstrate the unexpected generation of a XXXX compound that possesses the XXXX ground state. Although the yield of the new molecular skeleton is very low (2%!), its peculiar electronic structure and high thermal-stability may be of general interest to the readership, especially chemists of functional dyes, of XXXX. Structural determination based on 1D and 2D NMR measurements is reliable. Therefore, the work described in this paper deserves to be published in XXXX（总结论文的主要内容，认为论文可以发表的原因）

My minor comments are as follows：（列举论文存在的问题）

1. Page 2, left column, line 23-28: The unexpected reaction to give XXXX is quite interesting. The authors should indicate a (plausible) reaction mechanism from the starting material to XXXX in Supporting Information.（论文缺少对于机理的讨论，应当补上）

2. Page 2, right column, line 19: the first report on the generation of the radical is "Reid, D. H. Chem. and Ind. 1956, 1504". "synthesized at 1965" should be replaced with "synthesized at 1956" and the Reid's paper should be added to Ref. 15.（参考文献问题）

3. Page 3, left column, line 24: "due to its unique structure" are unclear words. Which moiety is a pancake structure? Why does a pancake structure lead to a clockwise ring current?（论文中的论述有语义不明的问题，应该详细阐述）

4. Page 3, right column, line 31: How did the authors determine the optical energy gap as 1.15 eV? 900nm corresponds to 1.34eV (= 1240nm/900nm).（论文中计算错误）

5. Page 3, right column, line 31-34: Solvent polarity effect on the absorption wavelength is quite small. Furthermore, negative solvatochromism is not consistent with the XXXX ground state. The

authors should explain the reason for these behaviors. (论文中的讨论不够详细，应该加一些解释说明)

6. Page 3 right column, line 40：There is no cyclic voltammogram in Supporting Information. Figure S3 shows not CV but 13C APT NMR spectrum of XXXX（论文中的图片错误）

7. Supporting Information，Page 10 and 11：CD3Cl should be replaced with CDCl3.（论文书写错误）

8. Supporting Information，Page 11，Figure S4：The 1H-peak of h correlates with the 13C-peak of p'. "k', h" should be replaced with "p', h". （论文书写错误）

9. Supporting Information，Page 13，Figure S5：According to the upper figure，the methyl proton correlates with the 13C-peak of 142.23 ppm. It seems that the peak of 142.23 ppm should be assigned to g' and the peak of 145.17 ppm to e'. （论文书写错误）

以上这些审稿意见看出审稿人对论文的评价还是不错的，但是也存在一些书写错误、引用不当等问题。作者仔细修改后，审稿人接受论文的机会还是比较大的。

【例 4-22】 审稿意见示例 2。

Reviewer：2

Recommendation：It appears that publication in any form at this time would be premature. （拒稿）

Comments：

Referee report The manuscript submitted by Prof. XXX and co-workers describes the synthesis, and electronic and electrochemical properties of benzene fused tetraazaphenalenyl. The authors reported analyses of the electronic and magnetic properties of the compound experimentally and theoretically, and concluded that it has a XXXX ground state. The compound is of interest because of its novel structure. However, the reviewer disagree with the author's conclusion. Then, I cannot recommend this manuscript for publication in "XXXX" as a high quality journal as it stand.（总结论文的主要内容，提出审稿人自己的意见）

The major points

（1）Contrary to the author's conclusion (Figure 1), an assignment of 13C NMR of XXXX reveals that a positive charge was not delocalized over the XXX unit. If anything, the XXX unit is negatively charged because the chemical shifts of C-b', C-1' and C-d' appear in relatively high magnetic field. The reviewer think, positive and negative charges localized on nitrogen atoms as shown an attached file.（针对论文的实验现象，审稿人提出自己的解释）

（2）The authors show XXXX radical as a reference compound. But, as authors mentioned by themselves, the electronic feature of the compound having 16p electron should be completely different from that of XXXX.（针对论文中的实验现象，审稿人不同意作者的解释）

（3）There are numerous typos. At the end of p2, in particular, some words disappeared.（论文书写错误）

（4）The authors emphasized a planar structure of XXXX. But no structural proof was provided experimentally. Crystal structure is desirable.（审稿人认为缺少关键实验证据）

（5）Please show reaction mechanism as a scheme to easily understand.（缺少机理解释）

（6）Please show cyclic voltammograms (CV) of XXXX at least in the SI.（缺少图片）

这个审稿人的意见和上一个完全不同，认为论文缺少关键的实验证据，也不认同作者的观点和意见，从而认为论文不能发表。同样的文章，不同的审稿人可能给出完全不同的意见。参考不同审稿人的意见对文章进行修改，即使文章不被接受，文章也会越改越好。

4.4　本章小结

本章主要介绍了科技论文写作的基本常识和技巧，重点介绍了科技论文的语言特点和写作流程，并结合科技论文的结构具体介绍了论文各个部分写作的技巧和注意事项，最后介绍了论文投稿的常识以及投稿信的书写。

习题

1. 根据以下摘要部分给文章拟一个标题。

"在电子产品的小型化的趋势下，电力电子器件所承受的工作温度、电流密度越来越高，这给封装材料提出了严峻的挑战。一种引线框架材料为 C194 合金的 MOSFET 器件，在高电流密度的工作环境下服役 3~4 年后发生了引脚开裂的现象。针对该失效现象，使用扫描电子显微镜对界面金属间化合物和断口形貌进行了精细的微观表征，确定了电迁移和热迁移的耦合作用是导致引脚开裂的主要原因。具体的，对于器件源极来说，Cu 原子的电迁移与热迁移方向相反，且热迁移扩散通量较大，抵消了电迁移的作用从而导致阳极开裂的反常现象。对于器件漏极来说 Cu 原子的热迁移方向与电迁移方向相同，热迁移加速了阴极界面裂纹的萌生与扩展，开裂情况最为严重。为了进一步揭示开裂机理，我们使用电子探针、透射电子显微镜分析发现，在 C194 合金与金属间化合物界面上，原本弥散分布于 C194 合金内部的铁晶粒发生了明显的晶粒长大，并富集形成连续层。由于细小铁晶粒组成的富铁层弱化原有的界面结合力，成为薄弱环节。因此，在外加热应力或机械应力下，裂纹总是沿着由铁晶粒形成的富铁层发生开裂。综上，该器件引脚开裂的失效模式为典型的多场耦合作用下的失效形式，相关机理将为产品工艺优化和提高使用寿命提供理论指导。"

2. 下面是一篇文章的标题和摘要部分，构思文章的引言部分。

《睡眠对违反道德的负性情绪记忆的调节》

"记忆是信息加工的基础，违反道德事件作为记忆的重要内容，往往诱发了个体较强的负性情绪。负面情绪记忆的加工是影响个人心理健康的重要因素,创伤后应激障碍人群表现出对记忆主动操纵的失衡,长期处于负性情绪之中会导致身心健康受到极大的影响。但目前违反道德的负性情绪记忆进行主动操纵的具体表现仍不为人所知。本研究基于记忆线索操纵范式,在负性情绪基础上纳入违反道德维度,探究个体对违反道德和一般的负性情绪记忆进行主动操纵的表现差异。另一方面,睡眠巩固后的负性情绪记忆存在区别于新获得记忆的抑制机制,研究进一步考察睡眠对不同负性情绪记忆效果的影响。结果发现:①人们更愿意主动抑制新获取的违反道德的负性情绪记忆,而对一般负性情绪记忆则更容易去提取;②经历睡眠后,一般负性情绪记忆的提取效应和违反道德的负性情绪的抑制效应均被削弱。实验结果表明了违反道德和一般负性情绪记忆在巩固与抑制的主动操纵效应上所存在的差异,以及睡眠对两种负性情绪记忆操纵效应差异的调节作用,增进了我们对于道德情绪记忆经睡眠后储存、提取和抑制表现的认识。"

3. 描述图 4.10 的实验结论并进行讨论。

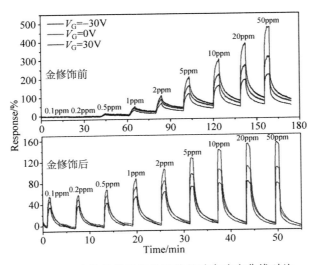

图 4.10　金修饰前后场效应管的动态响应曲线对比

第5章

专利文件构成与要求

本章学习目标
- 了解专利的概念及其特征;
- 熟悉专利文件的详细构成;
- 掌握专利撰写的要求和方法。

本章主要介绍专利的定义及其特征、申请专利与发表论文的区别和各自的侧重点及在申请专利时需要做的前期准备工作,重点介绍专利文件的详细构成及对各部分的撰写规范和要求。通过本章内容,读者可以清楚了解专利的构成部分并具备相关领域专利文件撰写的基本技能。

5.1 专利的基本概念

5.1.1 专利及其特征

专利的定义:从字面上是指专有的权利和利益。一般是由政府根据申请者的需求颁发的一种文件,这种文件记载了申请者所发明创造的内容,且获得专利的发明创造在一般情况下他人只有经专利权人许可才能实施。

1. 专利的类型

专利包括三种类型的发明创造:发明专利、实用新型专利和外观设计专利。

发明专利是指对产品、方法或者其改进所提出的新的技术方案。

实用新型专利是指对产品的形状、构造或者结合其提出的适于实用的、新的技术方案。

外观设计专利是指对产品的形状、图案或者结合它们所做出的富有美感并适于工业应用的新设计。

上述解决问题的技术手段一定是符合有些规律的,不能是采用不符合自然规律的技术手段,如永动机等。对于高校的大多数学术性技术领域以及很多公司的研发团队,研究者通常选择申请发明专利或者实用新型专利以使研究成果获得保护。

2. 专利的特征

(1) 独占性:专利权是一种无形产权,具有排他性质,发明和实用新型专利权被授予后,除法律另有规定的以外,任何单位或者个人未经专利权人许可,都不得实施其专利,即不得为生产经营目的制造、使用、许诺销售、销售、进口其专利产品,或者使用其专利方法以及使用、许诺销售、销售、进口依照该专利方法直接获得的产品。任何单位或者个人实施他人专利的,应当与专利权人订立实施许可合同,向专利权人支付专利使用费。被许可人无权允许合同规定以外的任何单位或者个人实施该专利。

(2) 时间性:专利权只在授权有效期内有效,发明专利权的期限为20年,实用新型和外观设计专利权的期限为10年,均自申请日起计算。该期限届满或终止失效后就会成为社会的公共财富,任何人都可以自由利用。

(3) 地域性:一个国家授予的专利权只在授予国家的区域范围内有效,对其他国家没有法律约束力,各个国家的专利权是独立的。如果申请人想在多个国家获得专利权,必须向各个国家分别提交申请。

5.1.2 申请专利与发表论文的区别

申请专利和发表论文均是体现一个研究团队研究成果和科研水平的手段。同一个研究成果既可以撰写成专利申请,也可以撰写成论文发表。两者之间的区别明显的是,申请专利的目的在于知识产权保护,而发表论文的目的在于知识传播和分享。接下来进一步阐述两者之间的区别之处。

1. 所保护的侧重点不同

论文是研究者通过结合理论研究、实验测试、结论分析后提出的新成果或新见解,对于论文所要表达的内容和描述方式并无太多限制,做到分析问题,给出证据,解决问题就行。论文的目的主要是用于在学术会议上宣读、交流或讨论,或者在学术刊物上发表,或形成项目文件作为项目申报或者答辩的依据。论文有时候可以完全是纯理论的,如一些数学公式、算法推理等。论文带给作者的多是成果,荣誉以及著作权。

专利保护的不是具体的方案,也不是具体的实物,而是保护作者的创作思路。专利权经过保护后,会对在申请日后提出的相同专利申请进行约束,使其不具备授权条件,在商业竞争上起保护作用,专利给申请人带来的可能是无形的财富。同时,专利对可保护的对象也是有限制的,如从自然界找到一种以前未知的,以天然形态存在的物质的科学发现、数学理论和换算方法、计算机程序本身、疾病的诊断和治疗方法等,是不可以由专利来保护的,却可以写在论文里。

2. 撰写方式不同

1)结构与要求

论文主要由题目、作者、摘要、关键词、正文、参考文献等部分组成,正文的部分可以包括提出论点、分析问题、解决问题以及结论,但是其撰写形式可以根据作者的想法进行不同的变换。

专利由权利要求书、说明书、说明书附图、说明书摘要和摘要附图等组成(对于没有附图的专利,可以没有说明书附图和摘要附图),并且对于专利申请的每一份文件都具有法律效力,需按照规定的格式进行撰写。专利申请的全部内容体现在说明书中,而权利要求书是从说明书中提炼出来的最能体现发明创造进步性的部分。专利的撰写关系到保护范围和保护力度,好的专利其权利要求书可以实施大面积保护,让竞争对手无从下手,当然大面积保护也可能落入其他人的保护范围中而导致授权失败,因此专利撰写的保护范围需要恰当适度。

2）背景技术

专利申请书的第一部分为背景技术介绍，要求申请人对背景技术及其不足之处进行描述和总结。论文的第一部分即引文和发明专利申请书的背景介绍很类似，也是说明此领域的研究现状及不足之处。不同之处在于论文中涉及客观事实的部分必须引用和列出相应的参考文献，而专利申请则可以不列参考文献。

3）技术方案

专利申请书的第二部分为技术方案。这部分和论文中的实验方法部分比较类似，但不同之处居多。这部分内容中，要求申请人用文字和公式阐述发明的技术方案，而不能用图片。即便有时候用图表表示更清晰明了，更容易说明问题，但发明人仍必须把技术方案中的图表内容转换成文字。需要注意的是涉及复杂装置的技术方案，用文字表述需要特殊技巧。论文的方法部分则没有多少限制，论文撰写人可以选择更容易让读者理解和明白的论文撰写方式，可以有详细的公式推导和图表，甚至可以直接插入实验器材照片，而这些在专利申请文本中是不允许的。

3．审查不同

论文的审查一般是由该研究领域一些资深的专家或学者受期刊杂志邀请后成为审稿人，对所审的论文有较深的了解，从该论文的研究水平、研究真实性以及对该研究方向的贡献等角度确定是否予以录用。同时期刊还会对该论文进行查重，避免学术抄袭行为。

专利的审查是由负责该领域的审查员进行审查，这里所指的领域是由专利局根据专利的内容进行分类后划分的领域，该领域的专利会经系统自动推送给负责该领域审查工作的审查员进行审查。专利的审查需要判断该专利的技术方案与该领域的现有文献有无重复之处，或者是否在现有文献的基础上略加改动得到的。这里指的现有文献包括了现有专利、国内外论文、书籍、会议等文献。专利审查员往往会从专利库、论文库以及国际专利库、论文库中进行国际性检索，根据检索结果进行判断是否给予专利授权。

相对而言，论文侧重于判断实验数据是否可靠，结论是否准确，研究的贡献是否达到一定水平等，如果其成果达不到一定的水平，期刊可能不予以通过；而专利侧重于是否有前人已经做过，授权的发明点在于是否存在着一定有益的技术效果，而不是技术倒退的发明。

4．周期不同

论文的发表周期一般为 1～4 个月，稍长一点的可能为 6～12 个月，论文从投稿到录用的周期相对较短。对于专利的周期，发明专利和实用新型专利是不一样的。发明专利需要经过受理、初审、公布、实审和授权等阶段，一般情况下，自受理起 18 个月后会进行公布，然后进行实审阶段，一般情况 2～3 年才能获得授权。为了加快获得专利权的期限，可以申请提前公开，这样在初审合格后，即进行公布，然后进入实审阶段，这样可以加快授权进度。实用新型则需要经过受理、初审和授权公告阶段，由于不需要进行实质审查，因此，实用新型和外观设计获得授权的时间相对较短，一般为 6～10 月。

相比而言，专利的周期要长很多，但是由于国家提出了加快专利审查的提质增效政策，现在的专利审查速度已经有了大幅度的提升，某些领域的专利可以做到在 1 年内授权。

5.1.3　专利申请的前期准备

专利的申请需要满足 3 点，即新颖性、创造性和实用性。

新颖性是指在专利申请之前，没有相同的发明在任何出版物中发表。因此专利申请前期需要对相关领域的背景技术进行大量了解，避免重复工作的出现，避免人力、时间以及科研经费的浪费。同时，广泛查阅文献有助于科研人员开拓思维，启发新的想法。

创造性是指与目前现有的技术相比，该发明有自己的特点和技术进步。在申请专利前期需要查阅该领域已取得的成果和各种解决方案，评估自己的工作，是否是新的研究领域，是否具有突出的实质性特点。

实用性是指该发明能够被制造以及使用，并且能够对社会、对经济、对生产等方面产生正向作用。因此，在申请专利前需要了解相关领域的发展动态，使科研与市场较好结合，加速科技成果的推广及应用。

总而言之，在申请专利前必须对该领域进行深入系统的研究，并且对该专利做出正确判断，才能避免盲目的申请，增加申请成功的可能性。

5.2 专利文件的构成

对于需申请发明或者实用新型专利的，一般需要提交请求书、说明书和权利要求书。其中说明书和权利要求书是具有法律效力的。

5.2.1 请求书

请求书应当写明发明或者实用新型的名称，发明人的姓名，申请人姓名或者名称、地址，以及其他事项，如图 5.1 所示。具体地，发明、实用新型专利申请的请求书应当写明下列事项。

1. 发明或实用新型的名称

请求书中的发明名称和说明书中的发明名称应当一致。发明名称应当简短、准确地表明发明专利申请要求保护的主题和类型。发明名称中不得含有非技术词语，如人名、单位名称、商标、代号、型号等；不得含有含糊的词语，如"及其他""及其类似物"等；不得仅使用笼统的词语，致使未给出任何发明信息，如仅用"方法""装置""组合物""化合物"等词作为发明名称。

2. 申请人

申请人若是中国内单位或者中国国籍的个人，需填写单位名称或个人姓名、地址、邮政编码、组织机构代码或居民身份证件号码；申请人是外籍人员、外国企业或者外国其他组织的，需填写其姓名或单位名称、国籍或注册的国家或地区。

对于高校而言，申请人一般是学校，如电子科技大学。申请人可以是多个，例如两个学校作为共同申请人，学校与某个公司作为共同申请人，也可以是学校与某个人作为共同申请人等。

发 明 专 利 请 求 书

代理机构内部编号UESTC31				此框内容由国家知识产权局填写
⑦ 发明 名称	有机发光二极管及制备方法			① 申请号　（发明） ②分案提交日 ③申请日
⑧ 发明人	发明人 1		□不公布姓名	④费减审批
	发明人 2		□不公布姓名	⑤向外申请审批
	发明人 3		□不公布姓名	⑥挂号号码
⑨第一发明人国籍　中国				居民身份证件号码
⑩ 申 请 人	申请人(1)	姓名或名称：电子科技大学	用户代码	申请人类型　大专院校
		居民身份证件号码或统一社会信用代码/组织机构代码 ☒请求费减且已完成费减资格备案		电子邮箱
		国籍或注册国家（地区）　中国		
		省、自治区、直辖市　四川省		
		市县　成都市		
		城区（乡）、街道、门牌号高新区西源大道 2006 号		
		经常居所地或营业所所在地 中国	邮政编码610000	电话
	申请人(2)	姓名或名称：	用户代码	申请人类型
		居民身份证件号码或统一社会信用代码/组织机构代码 □请求费减且已完成费减资格备案		
		国籍或注册国家（地区）		
		省、自治区、直辖市		
		市县		
		城区（乡）、街道、门牌号		
		经常居所地或营业所所在地	邮政编码	电话
	申请人(3)	姓名或名称：	用户代码	申请人类型
		居民身份证件号码或统一社会信用代码/组织机构代码 □请求费减且已完成费减资格备案		
		国籍或注册国家（地区）		
		省、自治区、直辖市		
		市县		
		城区（乡）、街道、门牌号		
		经常居所地或营业所所在地	邮政编码	电话

110101
2016.4　　1

图 5.1　发明专利请求书首页

3. 发明人

发明人是指对发明创造的实质性特点作出创造性贡献的人。发明人应当是个人，请求书中不得填写单位或集体，如不得写成“××课题组”等。发明人应当使用本人真实姓名，不得使用笔名或其他非正式的姓名。当然，发明人也是可以请求专利局不公布其姓名的。只需在请求书"发明人"一栏所填写的相应发明人后面注明"(不公布姓名)"。

4. 代理人

如果委托专利代理机构的,需填写受托机构的名称、机构代码以及该机构指定的专利代理人的姓名、执业证号码、联系电话。并且需要提交专利代理委托书,如图 5.2 所示。如果未委托专利代理机构的,应当填写联系人,联系人的通信地址、邮政编码和电话号码。需要注意的是联系人是代替该单位接收专利局所发信函的收件人,且只能填写一人。

专 利 代 理 委 托 书

☒声明填写的专利代理委托信息与专利代理委托书打描文件是一致的。
根据专利法第 19 条的规定

委　托　　　　　　　　　　　　　　　机构代码　　　　.

1. 代为办理名称为　　　　　　　　　　的发明创造
   申请或专利（申请号或专利号为_____）以及在专利权有效期内的全部专利事务。

2. 代为办理名称为_____
   　　　专利号为_____的专利权评价报告或实用新型专利检索报告。

3. 其他
   专利代理机构接受上述委托并指定专利代理人
   【代理人姓名】
   【代理人姓名】
   办理此项委托.

委托人（单位或个人）　　电子科技大学　　　　　　　　　（盖章或签字）
　　　　　　　　　　　　―――――――――――――――

被委托人（专利代理机构）
　　　　　　　　　　　　　　　　　　　　　　　　　　　（盖章）
　　　　　　　　　　　―――――――――――――――

　　　　　　　　　　　　　　　　　　　　　　　2018年03月14日

图 5.2　专利代理委托书

5. 申请人或者专利代理机构的签字或者盖章

在《专利法实施细则》中规定：向专利行政部门提交申请文件或者办理各种手续，应当由申请人或者其代表人签字或者盖章；委托专利代理机构的，由专利代理机构盖章。

6. 申请文件清单和附加文件清单

申请文件清单包括专利请求书、专利申请说明书、专利申请权利请求书、说明书附图、说明书摘要等的份数和页数；附加文件清单包括代理人委托书、实质申请请求书、要求优先权声明等。

7. 其他

（1）如果该专利是先前某个专利的分案，应当在请求书中写明原申请的申请号和申请日。提交分案申请时，申请人应当提交原申请文件副本。分案的情况一般是原申请说明书中存在着多个技术方案，但是原申请权利要求仅保护了其中一个或几个技术方案，申请人对于另外的技术方案也需要申请专利，分案就是为了保证另外技术方案与原申请有同样的申请日所采用的方式。

（2）如果对同一发明既申请了发明专利又申请了实用新型专利，需要在请求书中附上声明。申请发明和实用新型专利时权利要求可以是一模一样，但是如果二者均达到了授权条件，申请人必须选择其中之一授权，或者进行修改使其成为不相同的专利后再次审查。

（3）提前公布：提前公布声明只适用于发明专利申请。一般来说，专利局收到发明专利申请后，经初步审查认为符合专利法要求的，自申请日起满18个月，即行公布。但是申请人也可以请求早日公布。提前公开是有一定的好处的，首先可以阻碍竞争对手与之密切相关的专利申请授权，其次可以尽早地进入实质审查，缩短审查周期，最后，专利申请公布后，如果有人使用该专利申请的技术，可以根据其自公布日起使用的时间要求其向该专利的申请人支付使用费用，也就是专利法上的"临时保护"。当然，提前公布也存在着一定的风险，某些专利可能会存在希望撤回该专利的需要，如果专利是未公开的，不会使得公众获得该技术，可以撤回并且不会影响其隐秘性；但是提前公布的话，就会使得该技术为公众所知，撤回后再次就相同或相近的内容进行申请大概率会被驳回。

（4）实质审查请求书。实用新型专利是不需要实质审查的，实质审查只对发明专利有。对于发明专利，实质审查请求书需在自申请日起3年之内提出，并缴纳一定的实质审查费用。一般来说，申请人都是希望能够早日获得专利权，早日审查。因此，在提交申请的同时也会将实质审查请求书提交上去，等初审合格公布后即会排队进入实质审查的序列中。实质审查请求书如图5.3所示。

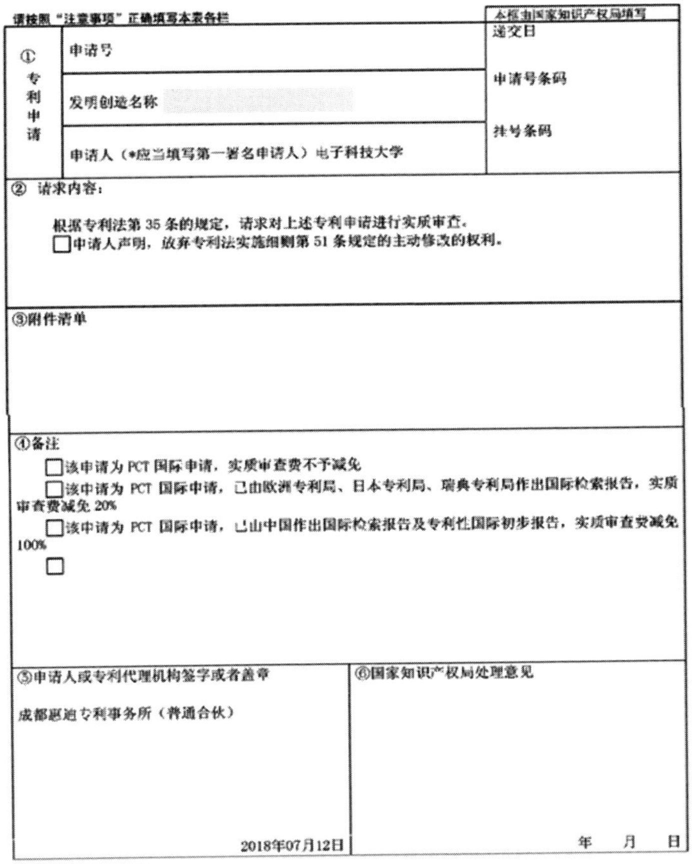

实 质 审 查 请 求 书

请按照“注意事项”正确填写本表各栏　　本框由国家知识产权局填写

①专利申请	申请号	递交日
	发明创造名称	申请号条码
	申请人（*应当填写第一署名申请人）电子科技大学	挂号条码

② 请求内容：

根据专利法第35条的规定，请求对上述专利申请进行实质审查。

□申请人声明，放弃专利法实施细则第51条规定的主动修改的权利。

③附件清单

④备注

□该申请为PCT国际申请，实质审查费不予减免

□该申请为PCT国际申请，已由欧洲专利局、日本专利局、瑞典专利局作出国际检索报告，实质审查费减免20%

□该申请为PCT国际申请，已由中国作出国际检索报告及专利性国际初步报告，实质审查费减免100%

□

⑤申请人或专利代理机构签字或者盖章 成都惠迪专利事务所（普通合伙） 2018年07月12日	⑥国家知识产权局处理意见 年　月　日

图5.3　实质审查请求书

(5) 提交申请文件的注意事项。提交申请文件,以国务院专利行政部门收到专利申请文件之日为申请日。如果申请文件是邮寄的,以寄出的邮戳日为申请日。同时会通知申请人明确申请日、给予申请号。

提交的申请文件中不能填错、填漏,否则导致专利行政部门不予受理的情况。还要注意附图介绍等问题,这会影响申请日的确定,说明书中写有对附图的说明但无附图或者缺少部分附图的,申请人应当在专利行政部门指定的期限内补交附图或者声明(取消附图的说明)。补交附图的,以向专利行政部门提交或者邮寄附图之日为申请日;取消附图的说明,保留原申请日。因此,在提交申请文件时,需要仔细核对附图是否遗漏或者部分缺失,如果后续再补交,就会导致申请日的后移。在这期间,如果公众或竞争对手通过该专利的公布获得了该技术并就此申请了同样的专利,该专利权最终便会落入他人之手。

5.2.2 说明书

说明书应当对发明或实用新型做出清楚、完整的说明,以所属技术领域的技术人员能够实现为准。也就是说,说明书应当满足充分公开发明或实用新型的要求。

1. 说明书的内容清晰

(1) 主题明确。说明书应当从现有技术出发,明确地反映出发明或实用新型想要做什么以及如何去做,使所属技术领域的技术人员能够确切地理解该发明或实用新型要求保护的主题。换句话说,说明书应当写明发明或实用新型所要解决的技术问题,以及解决其技术问题采用的技术方案,并对照现有技术写明发明或实用新型的有益效果。上述技术问题、技术方案和有益效果应当相互适应,不得出现相互矛盾或不相关联的情形。

(2) 表述准确。说明书应当使用发明或实用新型所属技术领域的技术术语。说明书的表述应当准确地表达发明或实用新型的技术内容,不得含糊不清或模棱两可,以致所属技术领域的技术人员不能清楚、正确地理解该发明或者实用新型。

2. 说明书的内容完整

（1）说明书中应该含有帮助理解发明或实用新型不可缺少的内容。例如，有关所属技术领域、背景技术状况的描述以及说明书有附图时的附图说明等。

（2）确定发明或实用新型具有新颖性（与现有技术是不同的）、创造性（相比于现有技术具有突出的实质性特点和显著的进步）和实用性（能够制造或者使用并产生积极的效果）所需的内容。例如，发明或实用新型所要解决的技术问题，解决其技术问题采用的技术方案和发明或实用新型的有益效果。

（3）实现发明或者实用新型所需的内容。例如，为解决发明或实用新型的技术问题而采用的技术方案的具体实施方式。

3. 说明书的内容真实且可实现

真实性指的是所属技术领域的技术人员按照说明书记载的内容，能够实现该发明或者实用新型的技术方案，解决其技术问题，并且产生预期的技术效果。不能只给出任务和（或）设想，或只表明一种愿望和（或）结果，而未给出任何能够实施的技术手段；不能给出的技术手段是含糊不清的，根据说明书记载的内容无法具体实施；同样，不能在说明书中虽给出了技术手段，但采用该技术手段并不能解决发明或实用新型所要解决的技术问题；以及在说明书中虽给出了具体的技术方案，但未给出实验证据，而该方案又必须依赖实验结果加以证实才能成立。例如，对于已知化合物的新用途发明，通常情况下，需要在说明书中给出实验证据来证实其所述的用途以及效果，否则将无法达到能够实现专利的要求。

5.2.3 权利要求书

发明或实用新型专利权的保护范围以其权利要求的内容为准，说明书及附图可以用于解释权利要求的内容。也就是说，权利要求的保护范围直接决定了专利的价值大小。

1. 权利要求的类型

权利要求可以分为两类,即物的权利要求和活动的权利要求,或称为产品权利要求和方法权利要求。第一种基本类型的权利要求包括人类技术生产的物(产品、设备);第二种基本类型的权利要求包括有时间过程要素的活动(方法、用途)。属于物的权利要求有物品、物质、材料、工具、装置、设备等权利要求,属于活动的权利要求有制造方法、使用方法、通讯方法、处理方法以及将产品用于特定用途的方法等权利要求。

2. 独立权利要求和从属权利要求

一份权利要求书中应当至少包括一项独立权利要求。当有两项或者两项以上的独立权利要求时,写在最前面的独立权利要求被称为第一独立权利要求,其他独立权利要求称为并列独立权利要求。权利要求书还可以包括从属权利要求。以下面这份权利要求书为例。

【例 5-1】 权利要求书示例。

(1) 一种鞋。 ×

(2) 一种雨伞。 ×

(3) 一种鞋,其特征在于,鞋底上设置用来判断人体的身体状况的检测仪。 √

(4) 根据权利要求 3 所述的鞋,其特征在于,检测仪是压力检测仪。 √

(5) 根据权利要求 3 所述的鞋,其特征在于,鞋底设置加热元件。 ×

各独立权利要求之间必须是相互关联的,不能是两个毫不相关的权利要求,例如独立权利要求(1)保护"一种鞋",独立权利要求(2)保护"一种雨伞",这两种完全不关联,因此是不被允许的,只能保留其中之一。

独立权利要求应当从整体上反映发明或实用新型的技术方案,记载解决技术问题的必要技术特征。必要技术特征是指发明或实用新型为解决其技术问题所不可缺少的技术方法,这种方法构成了该发明或实用新型的技术方案,使之区别于背景技术中所述的其他技术方案。如例 5-1 中的独立权利要求(1)"一种鞋",鞋是大家都知道的物品,是现有技术,如果独立权利要求仅保护一种鞋,其必然无法区别于背景技术,因此正确的方法是按照权利要求(3)中的方式"一种鞋,其特征在于……"后面要加入与现有鞋不同的部分特征。

在一件专利申请的权利要求书中,独立权利要求所限定的一项发明或实用新型的保护范围最宽。从属权利要求是在独立权利要求的基础上,进一步限定技术特征或者增加技术特征,从而缩小独立权利要求保护范围的权利要求。如例 5-1 中权利要求(4)就是在权利要求(3)的基础上进一步限定了某一个技术特征,可以理解为"一种在鞋底上设置用来判断人体身体状况的压力检测仪的鞋";而权利要求(5)就是在权利要求(3)的基础上增加了一个技术特征,可以理解为"一种鞋底上设置用来判断人体身体状况的压力检测仪,并且鞋底设置有加热元件的鞋"。独立权利要求的保护范围大于从属权利要求,如例 5-1 中独立权利要求(3)"鞋底包括有检测仪的鞋"的保护范围就大于从属权利要求(4)中"鞋底包括有压力检测仪的鞋"。

3. 权利要求书应当以说明书为依据,清楚、简要地限定专利保护的范围

(1) 权利要求书应当以说明书为依据,是指权利要求应当得到说明书的支持,通常由说明书中记载的一个或者多个实施方式或实施例概括而成,不超出说明书公开的范围。权利要求书中的每一项权利要求,所要求保护的技术方案,应当是所属技术领域的技术人员能够从说明书公开的内容中得到或概括得出的技术方案。如果所属技术领域的技术人员可以合理预测到说明书中给出的实施方式的所有等同替代方式或明显变型方式都具备相同的性能或用途,则可以将权利要求的保护范围概括至覆盖其所有的等同替代或明显变型的方式。如果权利要求的概括包含了推测的内容,而其效果又难于预先确定和评价,这种概括就会超出说明书公开的范围。如果权利要求的概括使所属技术领域的技术人员,有理由怀疑其包含的技术手段和方法不能解决发明或实用新型所要解决的技术问题,或者不能达到相同的技术效果,则该权利要求没有得到说明书的支持。

【例 5-2】 对于"一种处理合成树脂成型物来改变其性质的方法"的权利要求,如果说明书中只涉及热塑性树脂的实施例,而且又不能证明该方法也适用于热固性树脂,就应当把权利要求限制在热塑性树脂的范围内。

也就是说,在确定权利要求保护范围时,需要合理限定,不能超出本人对于该技术的贡献范围,否则对技术的发展是不利的。

(2) 权利要求书是否清楚,对于确定发明或实用新型要求保护的范围是极为重要的。权利要求书的清楚性,一是指每一项权利要求应当清楚,二是指构成权利要求书的所有权利要求作为一个整体也应当清楚。

首先,每项权利要求的类型应当清楚。权利要求的主题名称应当能够清楚地表明该权利要求的类型是产品权利要求,还是方法权利要求。不允许采用模糊不清的主题名称,例如,"一种……技术",或者在一项权利要求的主题名称中既包含有产品又包含有方法,例如,"一种……产品及其制造方法"。

其次,每项权利要求所确定的保护范围应当清楚。权利要求中不得使用含义不确定的用语,如"厚""薄""强""弱""高温""高压""很宽范围"等,除非这种用语在特定技术领域中具有公认的确切含义,如放大器中的"高频"。对没有公认含义的用语,如果可能,应选择说明书中记载的更为精确的形容词替换上述不确定的用语。权利要求中不得出现"例如""最好是""尤其是""必要时"等类似用语。因为这类用语会在一项权利要求中限定出不同的保护范围,导致保护范围不清楚。一般情况下,权利要求中不得使用"大约""大概""接近""等""类似物"等大范围用语,因为这类用语通常会使权利要求的范围不清楚。此外,除附图标记或化学式及数学式中使用的括号之外,权利要求中应尽量避免使用括号,以免造成权利要求不清楚,例如"(混凝土)模制砖"。然而,对于通常可接受含义的括号是允许的,如"(甲基)丙烯酸酯""含有 $10\% \sim 20\%$ (重量)的 A"。

最后,构成权利要求书的所有权利要求作为一个整体也应当清楚,这是指权利要求之间的引用关系应当清楚。

(3) 权利要求书应当简要,一是指每一项权利要求应当简要;二是指构成权利要求书的所有权利要求作为一个整体也应当简要。例如,一件专利申请中不得出现两项或两项以上在保护范围上实质相同的权利要求。权利要求的数目应当合理,在权利要求书中,允许有合理数量的限定发明或实用新型优选技术方案的从属权利要求。权利要求的表述应当简要,除记载技术特征外,不需要对原因或者理由作不必要的描述,也不得使用商业性宣传用语。为避免权利要求之间相同内容的不必要重复,在可能的情况下,权利要求应尽量采取引用在前权利要求的方式撰写。

5.3 专利申请文件的撰写

5.3.1 格式基本要求

专利申请文件的撰写可以是书面形式(纸件形式)或电子文件形式。申请文件的格式主要要求如下:

(1)专利申请文件以及其他文件,除由外国政府部门出具的或者在外国形成的证明或者证据材料外,其他应使用中文。中文指以国家公布的简化字为准的汉字,不得使用异体字、繁体字、非规范简化字等。

(2)说明书、说明书附图、权利要求书、说明书摘要、摘要附图、图片或照片、简要说明与其他表格用纸的规格均应为 A4 纸。申请文件的顶部(有标题的,从标题上沿至页边)应当留有 25mm 空白,左侧应当留有 25mm 空白,右侧应当留有 15mm 空白,底部从页码下沿至页边应当留有 15mm 空白。

(3)一般采用打字或印刷,如采用手工书写,字体应当工整,不得涂改。各种文件应当使用宋体、仿宋体或者楷体,字高应当在 35~45mm,行距应当在 25~35mm。字体颜色应当为黑色,字迹应当清晰、牢固、不易擦、不褪色,以满足复印、扫描的要求。

(4)各种文件应当分别用阿拉伯数字顺序编写页码,页码应置于每页下部页边的上沿并左右居中。

申请文件需要撰写的包括说明书和权利要求书,接下来分别进行介绍。

5.3.2 说明书的撰写

专利申请的说明书和论文类似,都是展示研究成果的一种方式。但是,相比于论文,专利申请有统一固定的撰写要求。说明书是分为三个文件进行提交的,包括说明书正文部分、说明书摘要以及说明书附图(实用新型必须有,发明可无)。

1. 说明书正文部分

如图5.4所示,以该发明专利作为案例。可以发现,说明书正文部分包括说明书名称、技术领域、背景技术、发明或实用新型内容、附图说明和具体实施方式六个部分;技术领域、背景技术、发明或实用新型内容、附图说明和具体实施方式需分别成为各自的小标题;说明书应当用词规范、语句清楚,并且不得使用"如权利要求……所述的……"一类的引用语,也不得使用商业性宣传用语。说明书文字部分可以有化学式、数学式或者表格,但不得有插图(图5.4中关于发光层材料的描述属于化学式),图只能统一放在说明书附图里呈现。

1) 说明书名称

(1) 说明书中的发明或实用新型的名称与请求书中的名称应当一致,一般不得超过25个字。特殊情况下,例如,化学领域的某些申请,可以允许最多到40个字。

(2) 采用所属技术领域通用的技术术语,最好采用国际专利分类表中的技术术语,不得采用非技术术语。

(3) 清楚、简要、全面地反映要求保护的发明或者实用新型的主题和类型(产品或者方法),这样便于专利申请的分类。

【例5-3】 图5.4说明书名称为"有机发光二极管及制备方法",但专利申请是包含有机发光二极管产品和该有机发光二极管方法两项发明的申请,其名称应当写成"有机发光二极管及其制造方法"。

(4) 不得使用人名、地名、商标、型号或者商品名称等,也不得使用商业性宣传用语。

说明书

有机发光二极管及制备方法

技术领域
本发明属于电子材料领域，具体涉及有机发光二极管及其制备方法。

背景技术
有机发光二极管以有机物作为发光材料，其工作原理为电场激发下，电子和空穴克服势垒在发光层形成激发态激子，激子回到基态并以发光的形式释放能量。有机发光二极管具有优异的光电特性，已经在商业化显示产品中有一定的应用。如何获得高性能、低成本的器件是进一步商业化的前提也是难题。溶液法制备有机发光二极管则被认为是降低器件成本的一个重要手段，越来越多的研究工作转向溶液法制备有机发光二极管。但是，相比于蒸镀法制作的发光器件，溶液法采用旋涂的方式制作发光薄膜时，存在形态缺陷，起伏大，均匀度不够等缺点。同时，溶液法制备在制作工艺上的优点是掺杂工艺简单，对于数量多的材料掺杂发光层，蒸镀法相对而言难以控制，准确度不够。研究者最近通过在空穴传输层加入添加剂来提高器件性能取得了一定的成果，但是，对于发光层中加入添加剂的工作大致停留在 2008 年的工作，后续很少的工作致力于发光层掺入添加剂。因此，对于溶液法制备的有机发光二极管，发光层掺入合适有效的添加剂若能够起到改善成膜的作用是相当有意义的，其掺杂工艺也非常简单。

发明内容
本发明所要解决的技术问题是，提供一种能够有效改善器件性能的有机发光二极管及制备方法。
本发明解决所述技术问题采用的技术方案是，有机发光二极管，其特征在于，其发光层材料含有下述材料：

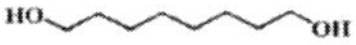

附图说明
图 1 为有机发光二极管结构及工作原理图。
图 2 为本发明的 3 种材料的分子结构。其中，a 为添加剂 1,8-辛二醇，b 为主体材料 CBP，c 为发光材料 4CzIPN。

具体实施方式
下面结合附图和具体实施例对本发明作进一步详细说明.
下述实施例中所述实验方法，如无特殊说明均为常规方法，所述试剂和材料，如无特殊说明，均可从商业用途获得。
实施例 1
本实施例中提供基于 CBP：4CzIPN 延迟荧光发光体系的有机发光二极管，其结构如图 1 所示，ITO 导电玻璃上依次为空穴传输层，发光层，电子传输层，电
实施例 2、溶液法制备的有机发光二极管性能测试
测试设备如下：

图 5.4　说明书

2）技术领域

发明或实用新型的技术领域应当是要求保护的发明或实用新型技术方案所属或直接应用的具体技术领域，而不是上位的或相邻的技术领域，也不是发明或实用新型本身。

【例 5-4】 图 5.4 的说明书中是一项关于有机发光二极管及其制备方法的发明，其改进之处是有机发光二极管中加入添加剂 1,8-辛二醇。其所属技术领域可以写成“本发明涉及一种电子材料领域，特别是涉及一种有机发光二极管的材料领域”（具体的技术领域），而不宜仅写成“本发明涉及一种电子材料领域”（上位的技术领域），也不宜写成“本

发明涉及加入添加剂1,8-辛二醇的有机发光二极管"(发明本身)。

3) 背景技术

背景技术部分应当写明对发明或实用新型的理解、检索、审查有用的背景技术。在论文撰写中,要引证所有反映背景技术及客观事实的文献。但是在例5-4中的专利申请里提到:"发光层加入添加剂的工作停留在2008年",这里可以引证背景技术的文件,但不是必须。在说明书背景技术部分中,还要客观地指出背景技术中存在的问题和缺点,但仅限于涉及由发明或实用新型的技术方案所解决的问题和缺点。在可能的情况下,需要说明存在这种问题和缺点的原因以及解决这些问题时曾经遇到的困难。

4) 发明内容

发明内容要写明发明或者实用新型所要解决的技术问题以及解决其技术问题采用的技术方案,并对照现有技术写明发明或实用新型的有益效果。

(1) 要解决的技术问题。要解决的技术问题是指现有技术中存在的技术问题,并且发明或实用新型申请记载的技术方案应当能够解决这些技术问题。所要解决的技术问题应当按照下列要求撰写:针对现有技术中存在的缺陷或不足(例5-4中指出:溶液法采用旋涂的方式制作发光薄膜时,存在形态缺陷,起伏大,均匀度不够等缺点);用正面的、尽可能简洁的语言客观而有根据地反映发明或实用新型能够解决的技术问题,也可以进一步说明其技术效果。对发明或实用新型所要解决的技术问题的描述不得采用广告式宣传用语。

(2) 技术方案。一件发明或实用新型专利申请的核心是其在说明书中记载的技术方案。发明或实用新型解决其技术问题所采用的技术方案是指清楚、完整地描述发明或实用新型解决其技术问题所采取的技术方案的技术特征。在技术方案这一部分,说明书应至少反映包含全部必要技术特征的独立权利要求的技术方案,还可以给出包含其他附加技术特征的进一步改进的技术方案。一般情况下,说明书技术方案部分首先应当写明独立权利要求的技术方案,其用语应当与独立权利要求的用语相近或者相同。然后,可以通过对该发明或者实用新型的附加技术特征的描述,反映对其做进一步改进的从属权利要求的技术方案。

(3) 有益效果 说明书应当清楚、客观地写明发明或实用新型与现有技术相比所具有的有益效果(例 5-4 中的有益效果为采用添加剂改善成膜,从而改善器件性能)。有益效果是指由构成发明或实用新型的技术特征直接带来的,或者是由所述的技术特征必然产生的技术效果。有益效果是确定发明是否具有"显著的进步",实用新型是否具有"进步"的重要依据。通常,有益效果可以由产率、质量、精度和效率的提高,能耗、原材料、工序的节省,加工、操作、控制、使用的简便,环境污染的治理或者根治,以及有用性能的出现等方面反映出来。有益效果可以通过对发明或实用新型结构特点的分析和理论说明相结合,或者通过列出实验数据的方式予以说明,不得只断言发明或实用新型具有有益的效果。但是,无论用哪种方式说明有益效果,都应当与现有技术进行比较,指出发明或实用新型与现有技术的区别。机械、电气领域中的发明或实用新型的有益效果,在某些情况下,可以结合发明或实用新型的结构特征和作用方式进行说明。但是,化学领域中的发明,在大多数情况下,不适于用这种方式说明发明的有益效果,而是借助于实验数据来说明。对于目前尚无可取的测量方法而不得不依赖于人的感官判断的,如味道、气味等,可以采用统计方法表示的实验结果来说明有益效果。在引用实验数据说明有益效果时,应当给出必要的实验条件和方法。

5) 附图说明

说明书有附图的,应当写明各幅附图的图名,并且对图示的内容作简要说明。在零部件较多的情况下,允许用列表的方式对附图中具体零部件名称列表说明。附图不止一幅的,应当对所有附图作出图面说明。如图 5.5 中的附图说明:图 1 为有机发光二极管结构及工作原理图;图 2 为本发明的 3 种材料的分子结构。其中,(a)为添加剂 1,8-辛二醇,(b)为主体材料 CBP,(c)为发光材料 4CzIPN。

6) 具体实施方式

实现发明或实用新型优选的具体实施方式是说明书的重要组成部分,它对于充分公开、理解和实现发明或实用新型,支持和解释权利要求都是极为重要的。因此,说明书应当详细描述申请人认为实现发明或实用新型的优选的具体实施方式。在适当情况下,应当举例说明;有附图的,应当对照附图进行说明。优选的具体实施方式应当体现申请中解决技术问题所采用

说明书附图

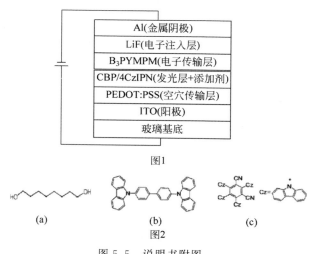

图 5.5　说明书附图

的技术方案,并应当对权利要求的技术特征给予详细说明,以支持权利要求。对优选的具体实施方式的描述应当详细,使发明或实用新型所属技术领域的技术人员能够实现该发明或实用新型。

实施例是对优选的具体实施方式的举例说明。实施例的数量应当根据发明或实用新型的性质、所属技术领域、现有技术状况以及要求保护的范围来确定。当一个实施例足以支持权利要求所概括的技术方案时,说明书中可以只给出一个实施例。当权利要求(尤其是独立权利要求)覆盖的保护范围较宽,其概括不能从一个实施例中找到依据时,应当给出至少两个不同实施例,以支持要求保护的范围。当权利要求相对于背景技术的改进涉及数值范围时,通常应给出两端值附近(最好是两端值)的实施例,当数值范围较宽时,还应当给出至少一个中间值的实施例。在技术方案比较简单的情况下,如果发明内容部分已经可以对专利申请所要求保护的主题做出了清楚、完整的说明,说明书就不必在涉及具体实施方式部分再做重复说明。

对于产品的发明或实用新型,实施方式或者实施例应当描述产品的机械构成、电路构成或化学成分,说明组成产品的各部分之间的相互关系。对可动作的产品,只描述其构成不能使所属技术领域的技术人员理解和实现发明或实用新型时,还应当说明其动作过程或者操作步骤,例如一个机械结构需要描述它如何完成一系列的操作。对于方法的发明,应当写明其步骤,包括可以用不同的参数或者参数范围表示的工艺条件。在图 5.6 中,作者详细地描述了制备有机发光二极管的详细步骤,包括构建该器件的每一层薄膜的制备,掺入材料的名称以及质量,配成溶液后的溶液浓度。此外,涉及的工艺参数,如转速,制备器件时的环境均有详细的描述。

权利要求书

1、有机发光二极管,其特征在于,其发光层材料含有下述材料:

HO～～～～OH

2、有机发光二极管的制备方法,其特征在于,包括下述步骤:
(1)配置发光层材料溶液;
(2)清洗 ITO 导电玻璃;
(3)臭氧处理 ITO 导电玻璃;
(4)ITO 玻璃上旋涂空穴传输材料;
(5)旋涂发光层材料溶液;
(6)蒸镀电子传输层材料、电子注入层材料和阴极电极材料;
其特征在于,所述步骤(1)包括:
1.1)以 CBP 为主体材料,4CzIPN 为受体发光材料,由两者共同构成浓度为 a mg/ml 的第一溶液,主体材料与发光材料的重量比例为 $b:c$,溶剂为 CB,$7 \leq a \leq 15$,$9:1 \leq b:c \leq 8:1$;
1.2)第一溶液中加入醇类添加剂并搅拌,形成发光层材料溶液,按重量比,醇类添加剂:第一溶液≤4%,所述醇类添加剂为 CAS 号 629-41-4 的 1,8-辛二醇。

3、如权利要求 2 所述的有机发光二极管的制备方法,其特征在于,所述步骤(5)为:
氮气环境中,将发光层材料溶液用 a_1 rpm 的旋涂速度旋涂于空穴传输层上,旋涂时间 b_1 秒,将片子放在加热台上退火 20 分钟,退火温度为 c_1 度:a_1 为 1500~2500,b_1 为 30~60,c_1 为 80~120。

4、如权利要求 2 所述的有机发光二极管的制备方法,其特征在于,$a=10$,$b:c=8.5:1.5$。

5、如权利要求 2 所述的有机发光二极管的制备方法,其特征在于,所述步骤 1.2)中,醇类添加剂:第一溶液=2%。

图 5.6 权利要求书

2. 说明书摘要及摘要附图

说明书摘要应当写明发明或实用新型专利申请所公开内容的概要,即写明发明或实用新型的名称和所属技术领域,并清楚地反映所要解决的技术问题、解决该问题的技术方案的要点以及主要用途。

说明书摘要可以包含最能说明该发明的化学式或数学式;有附图的专利申请,还应当提供一幅最能说明该发明或实用新型技术特征的附图,即摘要附图。附图的大小及清晰度应当保证在该图缩小到 $4\text{cm} \times 6\text{cm}$ 时,仍能清晰地分辨出图中的各个细节。摘要文字部分不得超过 300 个字。不得使用商业性宣传用语，摘要文字部分出现的附图标记应当加括号做补充说明。

3. 说明书附图

如图 5.5 所示，发明或实用新型的附图应当按照案例中"图 1，图 2，……"顺序编号排列。附图标记应当使用阿拉伯数字编号。发明或实用新型说明书文字部分中未提及的附图标记不得在附图中出现，附图中未出现的附图标记不得在说明书文字部分中提及。申请文件中表示同一组成部分的附图标记应当一致。附图中除了必需的词语外，不应当含有其他的注释。但对于流程图、框图一类的附图，应当在其框内给出必要的文字或符号。

说明书附图应当使用包括计算机在内的制图工具和黑色墨水绘制，线条应当均匀清晰、足够深，不得着色和涂改，不得使用工程蓝图。一般不得使用照片作为附图，但特殊情况下，例如，显示金相结构、组织细胞或者电泳图谱时，可以使用照片贴在图纸上作为附图。

5.3.3 权利要求书的撰写

说明书及附图可以用于解释权利要求的内容，但发明或实用新型专利权的保护范围以其权利要求的内容为准。权利要求书如图 5.6 所示，其撰写要求主要为以下五点：

（1）权利要求的保护范围是由权利要求中记载的全部内容作为一个整体限定的，因此每一项权利要求只允许在其结尾处使用句号。权利要求中可以有化学式或者数学式，必要时也可以有表格，但不得有插图（下图中关于发光层材料的描述属于化学式）。权利要求中不得使用"如说明书……部分所述"或者"如图……所示"等类似用语。

（2）权利要求中的技术特征可以引用说明书附图中相应的标记，以帮助理解权利要求所记载的技术方案。但是，这些标记应当用括号括起来，放在相应的技术特征后面。

（3）权利要求包括开放式描述和封闭式描述，两者的保护范围是不相同的，因此在撰写时要注意真正想保护的是哪一种。开放式的权利要求宜采用"包含""包括""主要由……组成"的表达方式，其解释为还可以含有该权利要求中没有述及的结构组成部分或方法步骤。封闭式的权利要求宜采用"由……组成"的表达方式,其一般解释为不含有该权利要求所述以外的结构组成部分或方法步骤。对于权利要求中包含有数值范围的,其数值范围尽量以数学方式表达,例如,"$\geqslant 30℃$"">5"等。如果是文字描述"大于""小于""超过"等理解为不包括本身数值;"以上""以下""以内"等理解为包括本数值。

（4）独立权利要求的撰写包括前序部分和特征部分。前序部分写明要求保护的发明或实用新型技术方案的主题名称和与现有技术共有的必要技术特征;特征部分使用"其特征是……"或类似用语,写明发明或者实用新型区别于最接近的现有技术的技术特征,这些特征和前序部分写明的特征合在一起,限定发明或实用新型要求保护的范围。

【例5-5】 在图5.6中所给权利要求书中,权利要求1的前序部分为"有机发光二极管"(发明的主题名称),其实还可以写成"有机发光二极管,包括发光层材料"(发明的主题名称＋与最接近的现有技术共有的必要技术特征)。权利要求1的特征部分:"其特征在于,其发光层材料含有材料 HO～～～OH"(发明区别于最接近的现有技术的技术特征)。

独立权利要求分两部分撰写的目的在于使公众更清楚地看出独立权利要求的全部技术特征中,哪些是发明或者实用新型与最接近的现有技术所共有的技术特征,哪些是发明或者实用新型区别于最接近的现有技术的特征。

在上述文中提到过,独立权利要求应当从整体上反映发明或者实用新型的技术方案,记载解决技术问题的必要技术特征。

例5-5中的权利要求1这样记载:"1.有机发光二极管,其特征在于,其发光层材料含有材料 HO～～～OH",权利要求1是一个独立权利要求,但其存在着一个问题,对于该发明,发光层中仅包括添加剂是实现不了成膜好,器件效果好的技术效果。该案例是需要在溶液法制备的器件的基础上,再加上一定比例的添加剂作为限定才能得到该技术效果。

因此,该独立权利要求不满足记载解决技术问题的必要技术特征的要求。在撰写独立权利要求时,需要确定某些技术特征如果不写入是否会达不到相应的技术效果,撰写出合理保护范围的权利要求。

(5) 从属权利要求的撰写包括引用部分和限定部分。引用部分写明引用的权利要求的编号及其主题名称;限定部分写明发明或实用新型附加的技术特征。需要注意的是从属权利要求只能引用在前的权利要求。

① 引用部分:一项从属权利要求的引用部分可以是:"如权利要求 2 所述的……",在例 5-5 中作者写道"如权利要求 2 所述的有机发光二极管的制备方法,……"。引用两项以上权利要求的多项从属权利要求,只能通过择一的方式作为引用在前的权利要求,也就是说多项从属权利要求不得引用多项权利要求。择一方式引用指的是其引用的权利要求的编号应当用"或""任一项"等择一引用方式表达,如,"根据权利要求 1 或 2 所述的……""根据权利要求 4 至 9 中任一权利要求所述的……"。多项从属权利要求不能引用多项权利要求指的是:如说权利要求 3 为"根据权利要求 1 或 2 所述的,……",如果多项从属权利要求 4 写成"根据权利要求 1、2 或 3 所述的,……",则是不允许的,因为被引用的权利要求 3 是一项多项从属权利要求。

② 限定部分:从属权利要求的限定部分可以对在前的权利要求(独立权利要求或者从属权利要求)中的技术特征进行限定,其保护范围会进一步缩小。

5.4 本章小结

本章首先介绍了专利的基本概念,包括专利的定义、类型及其特征,然后介绍了申请专利与发表论文的区别以及在申请专利前需要做的准备工作。最后重点介绍了专利文件的构成,主要包括请求书、说明书和权利要求书,以及每部分的撰写规范和要求。

习题

1. 专利主要由哪几部分构成?
2. 什么叫做实用性?

3. 授予专利权的外观设计不得与他人在申请日以前已经取得的著作权相冲突。判定外观设计专利权与在先著作权相冲突的标准是什么？

4. 甲公司获得一项灯具的外观设计专利权。乙公司未经甲公司的许可制造了相同设计的灯具，并出售给丙酒店。丙酒店使用该灯具装饰其酒店大堂使其显得金碧辉煌以招徕顾客。上述中的乙公司和丙公司是否侵犯了专利权？

5. 下列哪些是国家知识产权局因申请人或专利权人耽误期限而可能作出的处分决定？

A. 视为未提出请求

B. 视为未要求优先权

C. 视为放弃取得专利权的权利

D. 专利权终止

第6章

PPT制作与学术演讲

本章学习目标
- 熟练掌握PPT制作的基本方法；
- 了解学术演讲基础知识；
- 熟练进行学术演讲。

本章首先介绍PPT制作的准备工作，其次介绍如何使用PPT来对外展示主题，最后介绍学术演讲的相关知识及注意要点。

6.1 PPT制作的准备工作

PPT(Microsoft Office PowerPoint)是微软公司的演示文稿软件，用户可以在投影仪或者计算机上进行演示，也可以将演示文稿打印出来，制作成胶片，以便应用到更广泛的领域中。利用Microsoft Office PowerPoint不仅可以创建演示文稿，还可以在互联网上召开面对面会议、远程会议或在网上给观众展示演示文稿。通常，PPT制作的准备工作有以下两项：应用场合和面向对象是什么？整体的框架和逻辑如何设定？

6.1.1 应用场合和面向对象

PPT的首要功能是向听众和观众传递需要的信息，PPT的任何形式、装饰都是为了更好地传递信息，而不是花里胡哨地炫技。虽然都知道，设计感强的PPT好看，但不是每一个场合的PPT都需要华丽绚烂，一般来说，在注重视觉冲击力的场合，如发布会，PPT的设计感可以强一些，而在注重内容的场合，如毕业答辩、报告会、国际会议等场合，由于要突出内容，反而需要简化形式，平实较好。但即使是简化形式，也要注意平实的PPT依然可以完美地促进信息的传递。

6.1.2 整体的框架和逻辑设定

在PPT设计中，可以将逻辑简单理解成一种顺序，也就是受众可以理解的顺序，受众不同逻辑要求不同：教学的PPT课件，重点要考虑用什么样的逻辑能让学生理解；商业提案的PPT，好的逻辑顺序，不但可以让客户信服，而且可以让提案顺利通过。

在设计PPT逻辑框架时，一般是先设定大逻辑，即整个PPT的逻辑，然后考虑每个板块的小逻辑。注意，PPT本身的演绎方式是直线型的，假如内容及逻辑层次较多，可以在每个板块后总结一下，或者可以每页PPT加个小导航，以免迷航。整体的框架和逻辑设定如下：

（1）内容梳理：当把PPT文案核心内容梳理完成后，基本的PPT组织架构就出来了，再根据汇报场合（答辩、汇报、工作、分享等）决定标题页内容。

（2）目录页：提炼核心汇报内容，完成目录页面内容。

（3）内容页：对各核心内容进行延展、深入。

（4）结尾页：结尾升华主题，可以总结，也可以写后期规划，或发表励志宣言。

6.2 PPT制作

6.2.1 PPT的基本操作

这里简单介绍PPT的基本操作。

1. 新建幻灯片

首先说说"新建幻灯片"这个功能。打开 PPT 软件进入"起始窗",如图 6.1 所示,选中"新建幻灯片",通过这个功能可以新增页面,记住要单击功能的黑色下拉小三角,因为这样可以选择很多新的不同结构的页面版式,例如左右结构、上下结构、小结页面等,尤其在已有合适模板时,非常便于高效编辑。

图 6.1　建立 PPT 空白演示文稿

2. 文本编辑

图 6.2 是 PPT 常用功能的集合面板,基本可以满足普通文本编辑,如复制粘贴、字体编辑、动画编辑、图形编辑等。

图 6.2　PPT 页面是"开始"选项卡的显示栏

图 6.3 是"剪贴板"区域,在这里进行粘贴格式的选择,同时可以进行剪切、复制、格式刷操作。以剪切、粘贴操作为例,介绍其操作要点:

(1) 单击 PPT 开始菜单,单击剪贴板后面的小图标。

(2) 打开剪贴板,里面含有多条粘贴的项目。

(3) 单击其中一个即可。这样文档中就粘贴出来复制的内容。

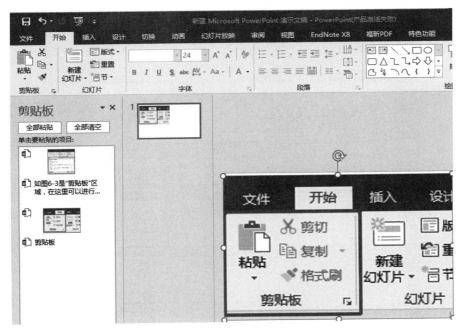

图 6.3　PPT 的剪切、复制、格式刷操作

3. 字体设置

图 6.4 是"字体"设置区域,在这里可以设置文字的字体样式、大小、粗细、字体颜色等。例如:

(1) 单击"字体样式"列表框的下拉按钮,在展开的字体样式列表中,可

以选择所需的字体样式。

（2）单击字号列表框的下拉按钮，在展开的字号列表中，可以选择所需的字号。

（3）单击字体颜色列表框的下拉按钮，展开颜色列表，单击所需的颜色选项。

此外还可以对字形显示效果进行设置。例如，单击"加粗""倾斜""下画线""下标""上标"等按钮，可以给所选的文字设置相应的字形效果。

如果要取消已经设置的字形效果，选中文本后，再次单击相应的工具按钮即可。

在"字体"设置区域单击对话框启动器，弹出"字体"对话框，在其中也可进行字体效果的各种设置。

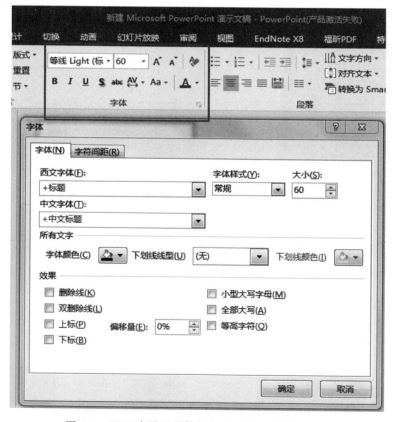

图 6.4　PPT 中设置字体的大小、粗细、字体颜色等

4. 段落设置

图 6.5 是"段落"区域,在这里可以设置文字的段落行距、分布、方向等。例如:

(1) 段落的对齐方式的设置。选取要更改对齐方式的文本,设置"左对齐""右对齐""居中对齐""两端对齐""分散对齐"。

(2) 缩进与间距的设置。在"段落"对话框的"缩进与间距"选项卡中,单击"缩进"组下的"左侧"或"右侧"数值框的增减按钮,设定左右边界的字符数。单击"特殊格式"列表框的下拉按钮,选择"首行缩进""悬挂缩进""无"确定段落首行的格式,单击"确定"按钮。若排版效果不理想,则可单击"取消"按钮取消本次设置。

(3) 行间距与段间距的设置。选定要改变段间距的段落,单击"缩进和间距"选项卡中"间距"组的"段前"和"段后"数值框的增减按钮,设定段间距,每按一次增加或减少 0.5 行。也可在数值框中直接输入数值,设置完成后,单击"确定"按钮。

图 6.5　PPT 的段落设置

5. 图形设置

图形设置编辑在 PPT 中也十分方便。打开 PPT,依次单击"插入"→"形状"可进行图形绘制。图6.6是"绘图"区域,在这里可以插入形状并调整设置。单击"形状"折叠框,有多种预设图形可选。或单击旁边的小窗口快速选择所需形状。这里选择"椭圆"插入任意位置,效果如图6.6中椭圆所示。如需详细设置椭圆形状的填充与线条、形状效果、大小与属性,在菜单栏中也可快捷设置"形状填充""形状轮廓""形状效果"等。

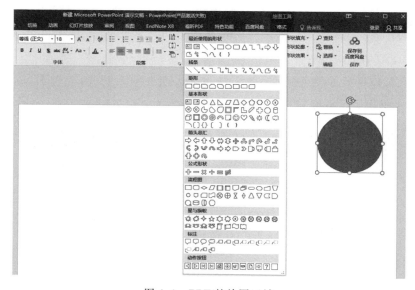

图6.6　PPT 的绘图区域

以上为 PPT 静态编辑基本操作,下面简单介绍 PPT 动图添加基本操作。

6. 动画设置

打开 PPT 文档(方法如上已讲解),选中其中需要添加动画的内容。单击菜单中的动画,选择动画样式。如图6.7所示,可根据 PPT 主题、演讲场合、个人喜好等选择一种动画形式,比如选择"劈裂"效果,此时文字或者图形就会以"劈裂"的形式进入 PPT。

图 6.7 PPT 的动画样式选择

此外,还可以对"劈裂"效果进行更加详细的设置,例如可以设置"劈裂"效果的方向:在动画右侧可以设置动画方向,如图 6.8 所示。在动画效果右侧的"效果选项"中可以选择"劈裂"方向和声音。

也可以在"劈裂"对话框中设置动画效果。

图 6.8 PPT 的动画方向设置

通过以上设置,已完成动画基本设置,在动画左侧可以单击预览图标预览效果,如图 6.9 所示。

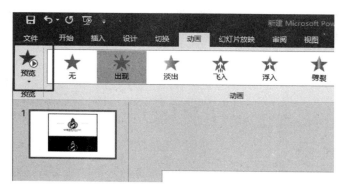

图 6.9　动画预览

预览完毕后,可看到 PPT 选中内容的左上角出现了小序列号,表明动画已经添加成功了,如图 6.10 所示。

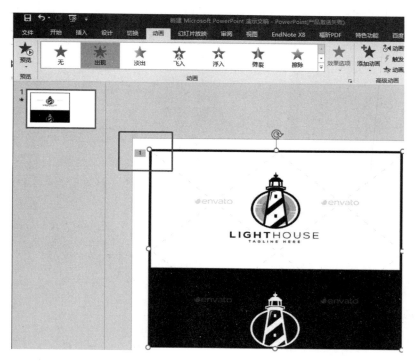

图 6.10　动画添加成功

6.2.2 模板选择

PPT 模板是 PPT 的骨架性组成部分。传统上的 PPT 模板包括封面、内页两张背景,供添加 PPT 内容。一套好的 PPT 模板可以让一篇 PPT 文稿的形象迅速提升,大大增加可观赏性。同时,PPT 模板可以让 PPT 思路更清晰、逻辑更严谨,更方便处理图表、文字、图片等内容。PPT 模板又分为动态模板和静态模板。动态模板是通过设置动作和各种动画展示达到表达思想同步的一种时尚式模板。

近年来,国内外的专业 PPT 设计公司对 PPT 模板进行了提升和发展,内含封面、目录、内页、封底、片尾动画等页面,使 PPT 文稿更美观、清晰、动人。同时新的 PPT 版本,更是加载了设计模块,方便使用者快速进行 PPT 的制作,极大提高了效率,节约时间。在新建 PPT 时可以选择 Office 自带模板。国内外 PPT 素材网站上也有丰富的付费模板,如 Fonts、Graphics、Themes and More|Creative Market、Fonts、Logos &amp、Icons from GraphicRiver 等,可付费进行下载。图 6.11 为 Icons from GraphicRiver 的付费模板。

图 6.11　Icons from GraphicRiver 付费模板

模板选择可借鉴以下方面：

1. 注重设计风格的选择

在选择 PPT 模板的时候，根据内容选择设计风格，通过设计风格选择合适的模板，这样才能够做好相关的设计。

2. 提升个人专业审美眼光

不同的人审美也有不同，根据自己的所在岗位，提升自我的审美，这样选择的 PPT 模板质量也能得到保证。

3. 适当选用付费模板

一般来说，PPT 付费模板比较具有设计感，通过选用一些付费的模板，能够让 PPT 的整个设计变得更加有看点。

4. 注重个人原创设计

在选用 PPT 模板的同时，不要过分依赖于模板，要注重个人的原创设计，当然是建立在内容的基础上，这样设计出的 PPT 才会更加符合需求。

5. 学会优秀的 PPT 模板设计思路

在制作 PPT 的时候，可以通过学习、吸收一些优秀的 PPT 设计思路，这样也能快速地找到设计灵感，高效完成 PPT 制作。

综上所述，PPT 制作并非难事，在模板的选择中，最重要的是如何采用合适的模板将内容渲染得更加具有吸引力。

6.2.3 排列逻辑顺序

逻辑是整个 PPT 的灵魂，是不可或缺的一部分。主线逻辑在 PPT 的目录上可以看到，一般会列出来，是整个 PPT 的框架。不同的 PPT，它们的主线逻辑是不一样的，主要有以下几种常见的逻辑关系。

1．问题解决逻辑

问题解决逻辑本质上是一个问题解决模型。

适用范围：常规业务分析解决方案。

逻辑结构：场景—冲突—问题—措施。

场景，需要把问题存在的背景以故事的形式让听众清楚PPT中核心表达的是什么场景下发生的事，为后续推出的措施作铺垫；冲突即痛点，场景下遇到的困难，该冲突可能是长期的，也可能是短期的；问题是该逻辑模型下的核心，这里的问题不是场景下的所有问题，而应该是由冲突推导出来的具体问题，同时该问题还应该是最后一步可以解决的问题；措施是该逻辑结构下的压轴，需要针对由冲突引导出的问题提出具体解决方案。

2．金字塔逻辑

金字塔逻辑本质上是一种内容细化逻辑。

特征：结论先行，以上统下，归类分组，逻辑递进。

逻辑结构：首先金字塔框架需要给出观点或者结论，再陈述分论点和论据支撑整个观点或结论。即使PPT分为几个部分，也需要把这几个部分的标题凝练，成为观点或结论的分论点。以上统下是指金字塔结构的纵向分布。在金字塔结构中，上一层永远是下一层的总结概况，下一层永远是对上一层的具体解释和支撑论据。在金字塔结构中，必须把属于同一个逻辑范畴的分论点或者论据归属到同一分组中。层层递进的逻辑顺序对观众来讲不仅是清晰的，还具有一定吸引力，观众会随着展示一层一层剥开事实真相，找到问题的答案。

3．创新点突出逻辑

创新点突出逻辑，可用于介绍一个新的实验方法，新的理论发现或者新工艺的研究。介绍新概念，首先要调动观众的好奇心，引导观众产生了解的动机和兴趣，兴趣没有调动起来，后续内容也就没有了吸引力。引导观众产生兴趣后，顺水推舟接着介绍新事物是什么，包括概念、特征，呼应前一步提出的问题,解释它所能带来的创新点。引发强烈兴趣后,介绍如何实现了该创新的研究。

4. 时间维度逻辑

时间维度逻辑在工作汇报型 PPT 中使用非常广泛,尤其是在年终总结和计划报告以及组会汇报学习中。时间序列的逻辑重点就在于时间的连续性,如果忽然中断一个或几个时间段,整个逻辑就失去了意义。

综上,PPT 首先需要确定内容的类型,从而选择合适的逻辑框架,根据逻辑框架确定逻辑结构,让复杂的内容简单化、条理化,让观看者更容易接受。

6.2.4 内容填充

1. 文字填充注意事项

文字是 PPT 的重要组成之一,文字在 PPT 中承担着传递内容信息的任务,一款恰当的字体能提升 PPT 版面的视觉感,易于辨认。字体视觉设计的品质影响着视觉传递的质量。在 PPT 编辑中,对文字进行设计美化,提高 PPT 的诉求力,是赋予 PPT 版面审美价值的一种重要方式,同时也是抓住观众注意力的利器。对文字的设计包含多方面,如字体选择、行距设定、色彩搭配等。其基本原则及建议如下:

(1) 通常来讲,大标题文字建议使用 44 号,粗体;标题一文字建议使用 32 号,粗体;标题二文字建议使用 28 号,粗体;标题三文字使用 24 号,粗体。建议的标题文字视觉效果如图 6.12 所示。

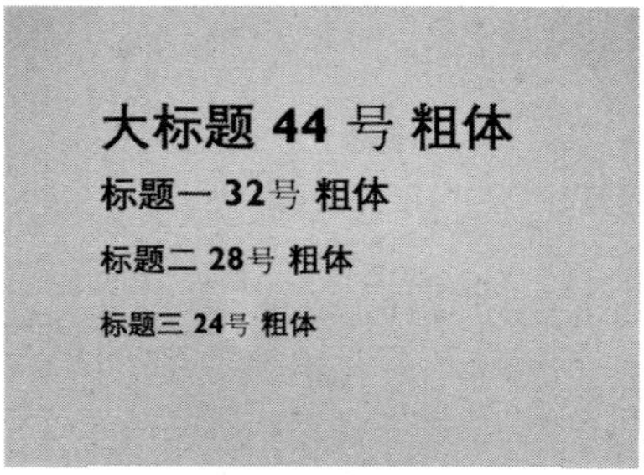

大标题 44 号 粗体
标题一 32 号 粗体
标题二 28 号 粗体
标题三 24 号 粗体

图 6.12 建议的标题文字大小举例

(2) PPT 文字建议不要小于 10 号,否则易造成视觉疲劳,影响阅读,视觉效果如图 6.13 所示。

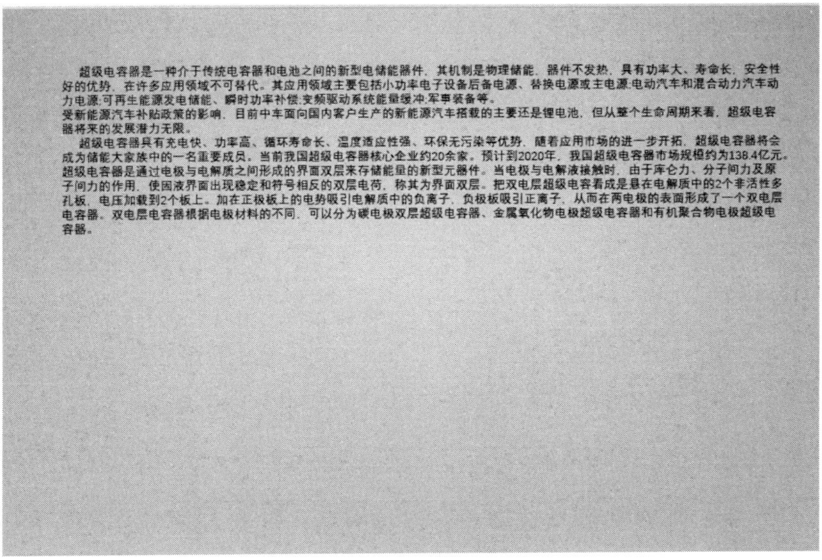

图 6.13　文字大小为 10 号时的页面效果

(3) 在 PPT 中如果纯文字堆积过于密集,没有关键信息的提炼和板式上节奏化的处理,会使重要信息淹没在平淡中,并且长时间地观看大段文字会让观众有视觉上的疲劳,视觉效果如图 6.14 所示。

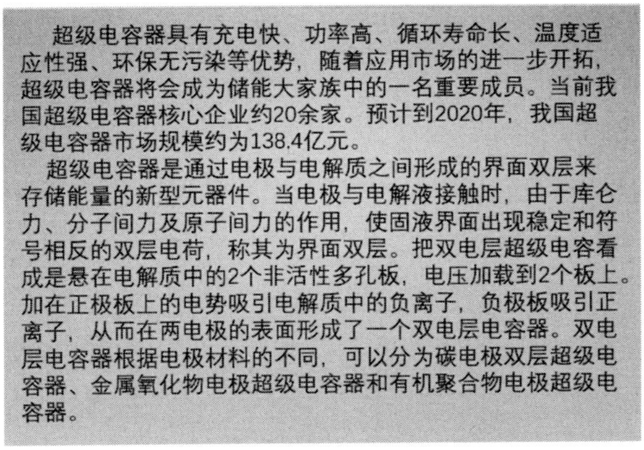

图 6.14　文字过于密集的页面效果

（4）当需要强调部分内容时，可以用大字号的文字来突出要强调的重点，使视觉效果突出，指引PPT内容阅读，让版面变得有节奏感，如图6.15所示。

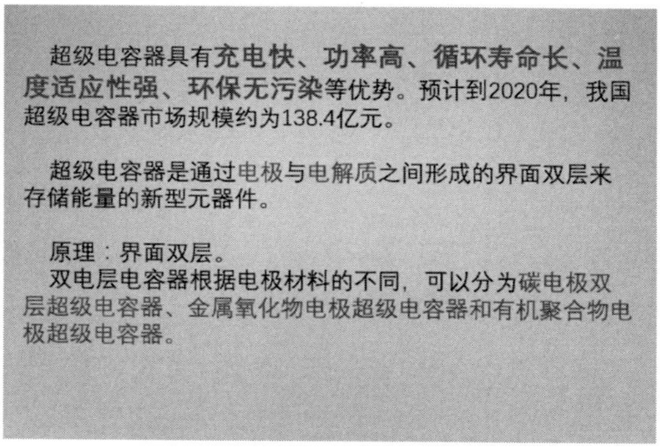

图 6.15　利用字号的变化突出重点，优化视觉效果

（5）每一页PPT的文字颜色建议不超过三种。建议使用一种主题彩色及其不同浓度的彩色，同时使用黑白灰来辅助；或者使用一种主题彩色、一种辅助彩色；如果需要多种颜色，建议使用专业的配色工具配色。

同时建议文字和背景色，非黑即白，尽量不要使用彩色。对于配色而言，需要一个贯穿始终的主色和若干与之搭配的辅助色，如图6.16所示。关于主色和辅助色的选择，可以参考配色网站，在其所提供的任一组配色方案中，选择其中一个，作为主色，其他的均作为辅助色使用，图6.17为LOLCOLORS（https://www.webdesignrankings.com/resources/lolcolors/）网站配色效果。

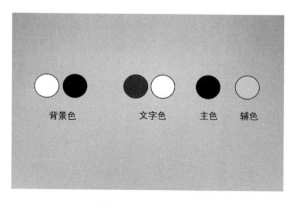

图 6.16　色彩搭配

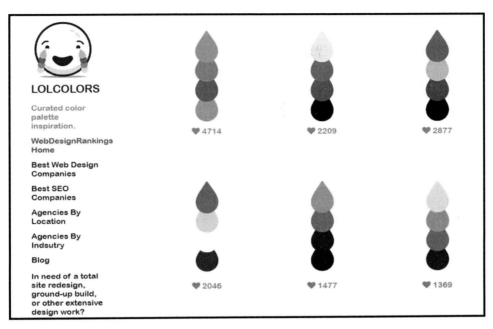

图 6.17 网站配色实例

（6）文字版式勿杂乱，做到整齐有条理。

当选择了相应的字体后，就需要对文字内容进行排版。对于有大段文字的正文内容而言，除了字体选择合理之外，要体现出排版的美感，还需要注意文字的间距。建议选择 1.2～1.4 倍行距。在阅读内容时，扩大了文段之间的空间感，可使内容的排列不过于紧凑，阅读体验会更好。图 6.18 为不同行距的文字视觉效果对比。

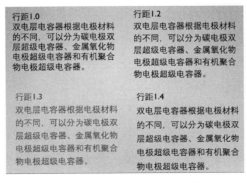

图 6.18　行距为 1.0～1.4 倍的效果图

2. 图表填充注意事项

图表是 PPT 的另外一个重要的组成部分。"一图胜千言"这种说法在认知科学中称为"图优效应"。有统计结果表明,对读者而言,图文并茂信息的阅读接收效果要比单纯文字信息的效果好 6 倍。

"能用图,不用表;能用表,不用字"。PPT 的魅力在于能够以简明的方式传达观点。而通过大量的数字和统计信息很难做到这一点。最有效的 PPT 展示绝不会用过多堆砌的图形和大量的数字。取而代之的是,将这些图形和数字逻辑编排,留在演示的讲义中,以便观众彻底消化所演示的内容。因此,如何将数字、信息通过图表的形式传递给观众是 PPT 制作中尤其应该注意的问题。在此,对 PPT 中常用的图表类型及特点作相应的说明,希望可以为读者提供参考。

1) 饼状图

图表是"数据可视化"的常用手段,柱状图、折线图、饼图等基本图表最为常用。饼状图是显示占比的简单方法。作饼状图时,可以在希望着重强调的部分使用明亮的颜色。也可以对突出显示的统计信息着色,并将该占比数字包含在饼状图中间。

【例 6-1】 图 6.19 使用饼状图对比了二次电池在电动自行车、电动工具等各市场所占份额。饼状图适用于二维数据统计及简单占比分析。

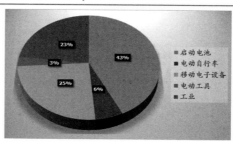

➢ 启动电池:铅酸电池
➢ 电动自行车:铅酸电池+锂电(少量)
➢ 移动电子设备:锂电池
➢ 电动工具:铅酸+锂电
➢ 工业:铅酸电池+锂电少量

图 6.19　饼状图展示数据统计效果

优点：简单直观，容易看到组成成分的占比。

缺点：不适合较大的数据集（分类）展现；数据项中不能有负值；当占比比例接近时，人眼很难准确判别。

类似图表：环形图、3D饼图。

2）柱状图

柱状图在数据统计中使用频率高，易于解读。柱状图适合用于展示二维数据集，展示数据的分布情况，其中一个轴表示需要对比的分类维度，另一个轴代表相应的数值。例如，年销售额就是二维数据，"年份"和"销售额"两个维度，需要比较"销售额"维度。

【例 6-2】 如图 6.20 所示，使用柱状图对比了国内电动自行车、汽车启动器、新能源汽车在 2017—2021 年市场规模增长情况。

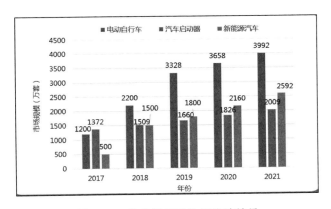

图 6.20 柱状图展示数据统计效果

柱状图利用柱子的高度，反映数据的差异。肉眼对高度差异敏感，辨识效果好。柱状图的局限在于只适用中小规模的数据集。通常来说，柱状图的 X 轴是时间维，观众习惯性认为存在时间趋势。如果遇到 X 轴不是时间维的情况，建议用颜色区分每根柱子，改变用户对时间趋势的关注。

优点：简单直观，容易根据柱子的长短得出值的大小，易于比较各组数据之间的差别。

缺点：不适合较大数据集的展现。

类似图表：条形图、直方图、堆积图、百分比堆积图、双 Y 轴图等。

3）折线图

折线图是将值标注成点，并通过直线将点按照某种顺序连接起来形成的图。适用于数据在一个有序的变量上的变化，特点是反映事物随类别而变化的趋势，可以清晰展现数据的增减趋势、增减速率、增减规律、峰值等特征。

【例 6-3】 图 6.21 为电化学性能测试中，扫描速度与电流之间的数据拟合情况，拟合后的数据关系为线性关系。

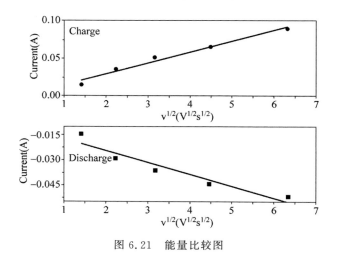

图 6.21 能量比较图

优点：能很好地展现沿某个维度的变化趋势；能比较多组数据在同一个维度上的趋势；适合展现较大数据集。

缺点：每张图上不适合展示太多折线。

类似图表：堆积图、曲线图、多指标折线图、双 Y 轴折线图、面积图。

4）散点图

散点图又称 XY 散点图，散点图中将数据以点的形式展现，用于显示变量间的相互关系或者影响程度，点的位置由变量的数值决定。

【例 6-4】 图 6.22 为电化学性能测试中的 Ragone plot 图（能量比较图），横坐标为功率密度，纵坐标为能量密度，该图可显示二者之间相互变化关系，常用于比较各种储能器件的性能优劣。

散点图适用于表达若干数据系列中各数值之间的关系，类似 X 轴与 Y

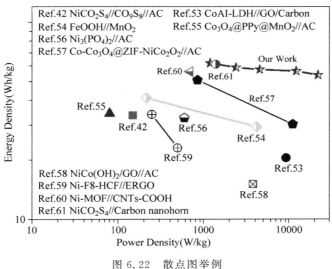

图 6.22　散点图举例

轴,判断两变量之间是否存在某种关联,或者发现数据的分布、聚合情况。

优点:可以展示数据的分布、聚合情况,适合较大的数据集。

缺点:散点图看上去较混乱,可以体现数据的相关、分布和聚合信息,其他信息均不能很好展现。

类似图表:气泡图

5) 矩阵树图

矩阵树图是采用矩形来表示层次结构节点的图形,父子层次关系用矩阵间的相互嵌套来表达。从根节点开始,空间根据相应的子节点数目被分为多个矩形,矩形面积大小对应节点属性。每个矩形按照相应节点的子节点递归进行分割,直到子节点为止。

【例 6-5】　图 6.23 为按照某一关键词,使用检索工具进行文献检索时,将文献按照机构进行分类的矩阵树图。

矩阵树图适合展现具有层级关系的数据,能够直观体现同级之间的比较。

优点:图形更紧凑,同样大小的画布可以展现更多的信息;可以展现成员间的权重。

缺点:不够直观、明确,不如树图清晰;分类占比太小时不容易排布。

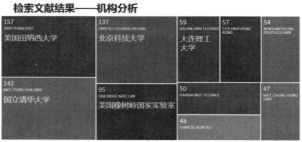

图 6.23　矩阵树图举例

类似图表：树图、马赛克图、热力图。

6）来源去向图

来源去向图可以展示一组数据的来源、过程、去向和占比情况。

【例 6-6】　图 6.24 为某商品总访问量为 100 时，该访问量下，流向的占比情况。

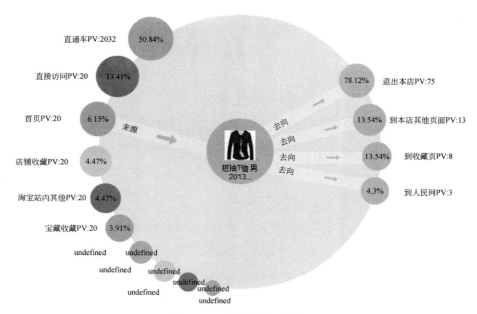

图 6.24　来源去向图举例

来源去向图使用场景较为单一，适用于电商与营销有关的分析，如分析购物网站中，哪些商品最畅销或者哪一个时间段是访问高峰的情况分析。

优点：适合分析展现网站流量的运营数据；显示结果直观，可以清晰地看到各个维度指标变化的情况；支持以某个节点为基础查看该节点所在流程的情况。

缺点：应用面窄，显示三级维度的流程数据；对显示的度量要求严格。

7）表格

表格在数据整理方面，作为一种不可或缺的存在，一直是首选方案。然而，通常表格承载的信息量较大，难以将其处理得非常美观，导致表格的配色方案与整套 PPT 的色调不协调，显得突兀。因此，如果想要做出美观的表格，就要避免色彩、字体搭配不协调的问题，做到与整套 PPT 的配色方案保持一致。例如，PPT 的主题色若选择蓝绿色，表格的颜色就要与整体色调保持一致。

【例 6-7】 图 6.25 为不同二次电池性能对比表格中，表格颜色与 PPT 主题色蓝绿色保持一致。

产品性能比较				
锂离子电池	能量密度 (Wh/kg)	功率密度 (kW/kg)	循环次数	充电时间 (小时)
铅酸电池	10-30	1	500	
混合电动汽车电池	30—60	1.5	500-1000	2
插电式混合电动汽车电池	90—100	1.2	500-1000	2
全电动汽车电池	90—120	0.5	500-1000	2
手机用锂离子电池	150—240	<0.5	500-1000	1-2
现有商用超级电容器	4.5-7.5	>5kW	10000	<3分钟
本项目产品	60-100	20-30	10000	<3分钟

图 6.25 表格举例

色彩确定之后，决定表格制作水平的另外一个重要因素则是表格的排版问题。排版的目的是让表格中各信息元素整齐，并且重点突出。表格中的元素一般较整齐，因此对于表格的排版，凸显出重点内容即可。一般来说，想要突出表格中的重点内容时，用颜色对比是一个不错的选择。对图 6.15 分析可知，重点要突出的是电容器类别和性能指标，将颜色调整让重点和非重点内容产生高反差对比可以达到突出重点的目的。此外，通过对表格排版也可以表现出重点内容，例如从表格的尺寸下手，表格可分为多列或行，想突出表现某一列/行，将其放大可以达到突出重点的目的。此外，平常见到的表格，一般为矩形表格,放飞想象力,圆形表格,梯形表格也可以让人眼前一亮。

3. 动图、视频使用注意事项

PPT 制作中,使用动图、视频的目的在于放松眼睛、缓解视疲劳,或引起观众注意,提升兴趣。如果不会制作高难度、高水平的动画,建议在重点内容上使用舒缓的强调动画,或使用舒缓的切换动画,切勿滥用及乱用动画。正式场合,若非必要,不建议使用任何 PPT 动画,包括自定义动作、幻灯片切换样式等。一个朴素的、中规中矩的 PPT 是不会引起非议的。当然,如果在非正式场合可以加上一些效果,但建议最多不要超过三种动画,PPT 保持简洁,不至于太过杂乱。

6.3 学术演讲

6.3.1 明确演讲的目的和听众

当准备好一个演讲 PPT 后,演讲者需要尽快进入状态,熟悉演讲稿,同时要了解听众是谁。只有真正地了解听众是谁,才能够有的放矢。了解听众越多,演讲就越有针对性,演讲才能够越成功。

演讲类型很多,不同类型演讲,观众群体不同,如员工入职培训演讲、工作汇报演讲、学术报告演讲、会议报告演讲等。不同类型、场合都需要针对场合特点及听众特点做足充分的准备。

例如,课堂报告、学位答辩中,评委往往需要观摩数个学生的 PPT 演讲,因此清晰的 PPT 逻辑脉络结构、得体的语言表达、深入的专业知识分析可以给评委留下深刻印象,也是报告得高分的关键。在该类型的答辩中建议不要将所有细节展示在 PPT 中,容易使人感到疲劳。把最关键的点及其科学意义讲清楚,展示学到了的知识,才达到了该演讲的目的。繁琐的技术细节,可以用两分钟时间简略提及,给人一个印象,体现扎实功底即可。

又如,在组会工作汇报报告 PPT 演讲中,该场合下听众为组员以及本组老师,听众背景类似,知识结构高度重叠。组会工作汇报 PPT 主要目的是汇报近期所学知识及遇到的科研问题,沟通进展。组员之间都会的知识内容可以一笔带过,快速进入大家不熟悉的内容,在研究领域前人已经完成的工作,已经完成的工作,在此基础上,遇到了哪些问题,该问题计划的解决方案等。组会报告值得把技术细节讲得非常详尽。

总之,PPT演讲类型不同,听众有区别,演讲者应该注意的侧重点有差异,需要根据具体情况去调整。

6.3.2 形象

演讲者的形象是演讲者的思想、道德、情操、学识及个性在外表的体现,是演讲者的仪表、举止、礼貌、表情、谈吐的综合反映。演讲者一经上场,就会把自己的形象诉诸听众的视觉,直接影响听众的评价和审美。因此,请注意PPT演讲时形象,建议穿着正装,目光接触,保持微笑。

穿着正装进行PPT演讲时,首先给听众一种严肃、权威的形象。正确着装的同时,建议在演讲之前保持精神焕发的状态,要有传达积极向上的态度,并相信这种态度同样可以影响听众。在演讲过程中建议始终保持与听众的目光接触,可以在听众眼中读出自己下一步要做些什么,也可以让听众知道你关注着他们。一个好的PPT演讲不是源于自然,有感而发,而是需要演讲者的精心策划与细致的准备,同样需要演讲者对PPT演讲技巧有所了解、钻研。制作一个好的PPT并不简单,做一个好的演讲更难。

6.3.3 演讲技巧

1. 充足的准备

戴尔·卡耐基在总结成功的演讲经验时说过:"一切成功的演讲都是来自于充分的准备。"可以理解为"没有准备,就是准备失败;什么是最好的准备,就是时刻准备着"。演讲就像是攀登一座高山,重点不是这座山的高度,重要的是该怎么准备,才能登上山顶、攻上巅峰。

1) 设置结构

简单地把演讲报告组织得井井有条比较容易。报告开篇设置目录,每页幻灯片上显示目录简略结构即可。但是,如何使演讲报告有组织而不死板,并且富有吸引力、有深度,需要花费大量心思。就像看电影,如果导演先把每个部分剧本标题放出来,然后字幕下面加上电影剧本的简略结构的,这样会很死板。同样,演讲报告,尤其是学术报告演讲,按照目录陈述各项也显得乏味。并且对于学术报告演讲,一开始就把目录中每项代表的意义解释清楚也不容易实现。在此,推荐一个结构设置的技巧方法作为参考:借鉴一些电影先放一部分情节,然后开始放字幕介绍演员,再继续电影主体的方法。在演讲报告中,可以先讲简介部分,后再讲报告总纲,再按纲目来讲。

2)多次练习

演讲报告建议进行多次练习,直到对内容熟记于心,侃侃而谈,自然表达,而不依赖于 PPT 报告本身。要达到以上效果,建议练习演讲报告时不要坐在电脑前一边练习一边修改 PPT,而是站着使用激光笔,和真实讲的场景一致地去模拟练习,并且严格计时。每演讲一遍之后总结问题,再进行 PPT 修改,如此重复。重要 PPT 报告练习可邀请导师、朋友参加并征求意见。需要注意,一些特殊的短报告需要练习更多。例如,大型学术会议上,研究生或者博士后做 5 分钟的简短报告。该类型报告,难度不亚于正常时间(15~30 分钟)下的学术报告演讲,建议简短报告练习时,务必注意演讲开端的语言表达,安排一个出彩的开头,提起观众兴趣,演讲者自然地进入报告状态,建议不要准备文字稿,逐字逐句背诵或者盯着显示器读 PPT 效果都不好。正式演讲时,演讲者应当记住每张 PPT 的要点。这就要求演讲者练习时,有意去提高自己对 PPT 的熟悉程度,PPT 要点可以记录在 PPT 的笔记里面,练习演讲报告的时候,在演讲者视图中可以看到。熟悉之后,取消演讲者视图继续练习,直到可以熟悉于心,甚至在正式演讲时可以临场发挥,将要点用自己的语言组织出来。连贯的语言,自然的语气、神态,对听众理解报告都大有好处。

2. 语速

1)语速的分类

语速,即讲话时声音的快慢,单位时间内所吐音节的多少。语速的变化也是表情达意的重要手段。演讲的速率一般可分为快速、中速、慢速三种。

在演讲的时候,语速过慢,会让人感觉不自信;语速过快,会让观众有压迫感。很多情况下,人会因为紧张而导致语速过快。过快的语速不但不利于演讲，反而会让人更紧张。所以，在平时练习的时候应该尽量控制语速，让语速平缓。当然演讲时也建议一直用同一语速进行演讲，语速的变化根据实际情况和需求可进行调整。演讲时语速主要分为三大类型：

（1）快速：表示激动、欢快紧张、兴奋的心情。每分钟200个音节以上。对应的情景举例：快点儿，我要走了。

（2）中速：用于感情变化不大的地方，用于平时的场景描写。每分钟200个音节左右。对应的情景举例：我等会儿再走。

（3）慢速：叙述平静、庄重的情景用来表示悲伤、沮丧的心情。每分钟100个音节左右。

如果想知道自己说话语速属于哪一类型，可以计时算一下。

2）语速的要求

在正式演讲中，要求演讲者能够熟练地把握演讲时的语速，根据现场的实际情况、演讲的内容和其他的因素，选择合适的语速演讲。速率不建议太快，过快的语速使听众难以听懂，听众无法及时跟上思路。人们胆怯时往往语速较快，过快的语速容易使人产生怀疑，误认为演讲者怯场。当然，演讲时语速也不建议过慢，过慢容易显得拖沓，会给听众走神的空间，甚至会给人以迟钝、不熟悉演讲稿的感觉。演讲中，要控制好语速。一般来说保持中速为好。保持语速，有利于规避发音出错、用词出误。不过要注意的是，倘若从头至尾一直以相同的速度来进行，听众会疲惫。演讲语速要做到快慢得体，缓急适度，快而不乱，慢而不拖，快中有慢，慢中有快，张弛自然，错落有致。

那么，演讲什么时候慢，什么时候快？一般而言，语速服从演讲内容，说明性文字用正常语速，叙述性、描写性文字用较慢语速，议论、抒情性文字要或快或慢。在演讲中出于演讲的需要或者情感表达的需要，可以局部加快或者减慢速度。这种调整是必要的，可以增加强演讲的感染效果。能显示语言的清晰度和节奏感，使演讲具有音乐美。长时间的快，会"供过于求"，引起听众烦躁，听众不易全面了解内容，理解感情。一味缓慢则"求过于供"，引起听众急躁，听众注意力无法集中，情绪提不起来。演讲不能总是一个速度，要做到急缓有致，要做到说话抑扬顿挫出感情，节奏、逻辑清晰。

总之，语速的快慢要考虑到语言自身的形式特点以及演讲内容本身。演讲者思想感情起伏变化，结构的疏密松散，语调抑扬顿挫、轻重缓急以及举止等要素有秩序、有规律、有节拍地组合，便形成了演讲的节奏。

3. 声音和腔调

音质与措词对于整个演说影响也很大。有研究报告指出，声音低沉的男性比声音高亢的男性信赖度更高（因为声音低沉会让听众有种威严沉着的感觉）。尽管如此，演讲者还是不可能马上就改变自己的声音，声音和腔调乃是与生俱来的，不容易一朝一夕之间有大的改善。让自己的声音清楚地传达给听众，即使是音质条件不好的演讲者，如果能够秉持自己的主张与信念，依旧可以吸引听众的热切关注。

4. 避免重复性语言及口头禅

1）避免重复性过渡句子（词）的使用

演讲时，有的演讲者容易重复地说某些话，例如，"这个是关于……""接下来……""现在我们要……"等，这些语言表达都是为了引出下一张幻灯片的过渡句。要表达同一种意思，总能找到不同的方法，但是要认识到哪些用语是多余的，建议避免习惯性地依赖它。

2）避免使用生活中习惯用语及口头禅

"嗯"和"呢"等语气词是用于停顿、过渡的语气词，在日常对话中并无大碍，但是做演讲时这些词就会变成一种干扰。要想改变这个习惯，建议用停顿来代替这些词。刚开始练习的时候，也许会觉得冷场，但是适当的停顿可以让自己思维集中，大脑飞速运转，同时也可以起到另外一种作用：当大厅安静下来的时候，观众的目光和注意力都会聚向演讲者。

5. 互动

演讲时，演讲者要注意与观众互动，这样可以渲染场上的氛围，增强感染力。同时，观察观众的反应，及时解惑，防止迷惑的观众注意力流失。

演讲者一定要避免背对着观众。如果演讲者需要看 PPT，要尽量保持面对观众，从一个斜的角度去看。一个演讲者要学会从听众那儿获取反馈信息来了解自己的演讲。有时大会/报告组织机构会组织反馈意见调查，但是从听众的现场反应可以获得更具参考价值的反馈信息。如果观众会提问或者给出评论,那么该演讲还是达到了吸引听众的目的。观众的反馈是很宝贵的,不论观众的回应是批评、提问、提建议还是给出参考意见,即便是告诉演讲者演讲得如何糟糕,或者更正演讲者的错误,无论是否同意他们的观点,演讲者都应该谢谢他们,这是对他们投入精力的尊重。

6. 演讲者肢体语言

演讲中的肢体语言又称为无声语言、体态语言、形体语言。从动静角度来看,肢体语言分为动态语言、静态语言。动态语言包括眼神、手势、表情等,静态语言包括服饰、姿态、神态等。下面介绍演讲肢体语言技巧,供演讲者借鉴参考。

1)避免分心和小动作

上台演讲发言的时候先集中自己的注意力,分心就容易产生紧张和焦虑情绪,可以把观众当成自己的好朋友,把注意力放在观众身上,自然而然就会享受整个演讲的过程。当融入在演讲中时,会注意到原来的演讲是充满乐趣的事情。此外,避免日常生活中的小动作也可以提升演讲的水平和观众的观感。当演讲者演讲重复做某种动作时,会给观众带来困扰。例如,不停地把手插入口袋又拿出来,这些小动作会分散观众的注意力。

2)视线

在大众面前说话意味着忍受众目睽睽的注视,听众也许会报以善意、质疑、反对多种眼光,尽管如此,演讲者还是不可以漠视听众的眼光,避开听众的视线来说话。尤其当演讲者第一次走到舞台上,站立在大众面前的瞬间,来自听众的视线甚至会让演讲者觉得刺痛。克服这股视线压力的秘诀就是一面进行演讲,一面从听众当中找寻对于自己投以善意而温柔眼光的人,并且无视听众中冷淡的眼光。此外,把演讲者的视线投向强烈"点头"以示首肯的人,对巩固信心来进行演说也具有效果。

3)激情

演讲时调动自己的情绪,更好地爆发出感染力可以使演讲富有激情。所要达到的效果就是向观众传达内容的同时,更重要的是传达一种讲述者想分享这个演讲的"热情"。

演讲者最初会遇到这样的问题:PPT内容都准备得很充分,可上台演讲却总是缺乏激情,结果缺乏感染力。演讲的激情,需要发自肺腑的感情,更需要长期的舞台锻炼。演讲者的自信是激情的基础,如果演讲者站在台上缺乏自信,最直观的表现就是缺乏气势,不但无法掌控舞台,甚至会让人觉得他站在舞台上就是一种无奈的选择。这种情况下,激情自然就无从谈起。所以充满自信,才能激情昂扬。此外,很多初学演讲的人喜欢背演讲稿,上台照本宣科,这很容易流于呆板,缺乏激情。背演讲稿只是初级阶段,真正的善于演讲的人,不仅会把演讲内容背诵下来,还要达到能够流利复述的程度,能用更加灵活的方式去表达,而不是像背书一样演讲。这样一来,演讲就会更富于变化,也更富于感情。归根结底,演讲的激情来源于内心的感情。本节介绍的只是会影响演讲激情的一些小技巧,要做到激情演讲,最重要的还是认真准备演讲内容,反复练习。但是激情要运用得当,必须与演讲的内容适配,过度的激情反而起到负面效果。

4)演讲时姿势

演讲时的姿势也会给听众留下不同的印象,如堂堂正正的印象或者畏畏缩缩的印象。个人的性格与平日的习惯对演讲时的习惯性姿势影响很大,因此练习时要克服自己日常习惯对于演讲的影响,调整方便演讲的姿势,即所谓"轻松的姿势"。让身体放松,不要过度紧张。过度的紧张不但会表现出笨拙僵硬的姿势,而且对于舌头的动作也会造成不良的影响。诀窍之一是张开双脚与肩同宽,稳住整个身躯。另一个诀窍是想办法扩散并减轻施加在身体上的紧张情绪,例如,将一只手稍微插入口袋中,或者手触桌边,或者手握麦克风等。

5)善用手势

手势被称为"无声的身体语言",在演讲中恰到好处的运用这一"语言",有利于增加演讲的效果。但是运用手势语言有二忌:

(1)忌运用过于频繁。手势语言是辅助语言。它在演讲中起辅助表达作用。过多频繁地使用,会有喧宾夺主之嫌,而且会让听众产生厌烦的情绪,尤其是手势单一的情况下。只有在表达需要的情况下使用是恰当的。

(2)忌手势单一。某些演讲中,常发现演讲者只用单一的手势,从演讲的水平上看,该方式欠妥当。较理想、较高的境界的演讲是根据不同的内容和情感需要,使用不同的手势。当然倘若真无其他手势可做,那就尽量减少使用频率,以避免让人产生疲劳的感觉。

7. 参考文献

所有演示援引数字、资料要注明出处。对于别人的工作,在幻灯片上列出参考文献,并在演讲中提及,遵循学术准则,跟写学术论文一个道理。

6.4 本章小结

PPT 制作前期应该确定主题及演讲受众后,进行资料收集以及思维导图文字内容稿件的编辑。

PPT 制作中需要关注:内容结构、主题思想要做到精简,控制文本行数;图表运用、模板色彩搭配中需要控制文本的大小、图文的编排、版面设计和视觉平衡。使 PPT 达到字体颜色与底图有对比,清晰易读,多用数字说明,增强说服力等。

成功的学术报告 = 清晰的思路 + PPT 制作 & 演讲技巧 + 多次排练/修改

习题

1. 选择自己感兴趣的科学问题,进行内容梳理,并制作目录。
2. 选择自己感兴趣的科学问题并制作 PPT。
3. 将制作的 PPT 进行演讲。

参 考 文 献

[1] 杨继成,陈艳春.专业技术人员科技论文写作[M].北京：中国人事出版社,2010.
[2] 路甬祥.Nature 百年科学经典[M].英国：自然出版集团,2010.
[3] 广田襄.现代化学史[M].北京：化学工业出版社,2018.
[4] 刘冠军.科学素养与科技论文写作[M].北京：首都经贸大学出版社,2014.
[5] 郝建华,韩晓磊.科技文献检索与论文写作[M].南京：南京大学出版社,2016.
[6] 王丽萍.文献信息检索与利用[M].广州：华南理工大学出版社,2013.
[7] https://clarivate.com/webofsciencegroup/support/wos/.
[8] 全球学术快报 2.0 使用手册[EB/OL].https://piccache.cnki.net/index/helper/manual.html.
[9] Kojima A,Teshima K,Shirai Y,et al. OrganometalHalide Perovskites as Visible-light Sensitizers for Photovoltaic Cells[J]. J. Am. Chem. Soc. ,2009,131(17)：6050-6051.
[10] Domanski K,Correa-Baena J P,Mine N,et al. Not All That Glitters Is Gold：Metal-Migration-Induced Degradation in Perovskite Solar Cells[J]. ACS Nano,2016,10：6306-6314.
[11] Park N G. Perovskite Solar Cells：an Emerging Photovoltaic Technology[J]. Materials Today,2015,18：65-72.
[12] Niu G,Guo X,Wang L. Review of Recent Progress in Chemical Stability of Perovskite Solar Cells[J]. J. Mater. Chem. A,2015,3：8970-8980.
[13] Babayigit A,Ethirajan A,Muller M,et al. Toxicity of Organometal Halide Perovskite Solar Cells[J]. Nature Materials,2016,15：247-251.
[14] Zhang F,Zhu K. Breakthrough：Phase-Pure 2D Perovskite Films[J]. Joule,2021,5：14-23.
[15] Kulbak M,Cahen D,Hodes G. How Important is the Organic Part of Lead Halide Perovskite Photovoltaic Cells? Efficient $CsPbBr_3$ Cells[J]. J. Phys. Chem. Lett. ,2015,6：2452-2456.
[16] Liu M,Johnston M B,Snaith H J. Efficient Planar Heterojunction Perovskite Solar Cells by Vapour Deposition[J]. Nature,2013,501：395-398.
[17] Ke W,Spanopoulos I,Stoumpos C C,et al. Myths andReality of $HPbI_3$ in Halide Perovskite Solar Cells[J]. Nat. Commun. ,2018,9：4785.
[18] Silver D,Schrittwieser J,Simonyan K,et al. Mastering the Game of Go without Human Knowledge[J]. Nature,2017,550：354-359.
[19] 魏静,赵清,李恒,等.钙钛矿太阳能电池：光伏领域的新希望[J].中国科学：技术科学,2014,44：801-821.
[20] Yoon Y J,Shin Y S,Jang H,et al. Highly Stable Bulk Perovskite for Blue LEDs with Anion-Exchange Method[J]. Nano Lett. 2021,21：3473-3479.

[21] 姚鑫,丁艳丽,张晓丹,等.钙钛矿太阳电池综述[J].物理学报,2015,64(3):038805.

[22] Kim J Y,Lee J W,Jung H S,et al. High-Efficiency Perovskite Solar Cells[J]. Chem. Rev. ,2020,120:7867-7918.

[23] Ogomi Y,Morita A,Tsukamoto S,et al. $CH_3NH_3Sn_xPb_{(1-x)}I_3$ Perovskite Solar Cells Covering up to 1060 nm[J]. J. Phys. Chem. Lett. ,2014,5(6):1004-1011.

[24] Liu D,Yang J,Kelly T L. Compact Layer Free Perovskite Solar Cells with 13.5% Efficiency[J]. J. Am. Chem. Soc. ,2014,136(49):17116-17122.

[25] Wang Q Y,Huang L F,Jiang Z Y,et al. PaperRobot:Incremental Draft Generation of Scientific Ideas[C]. Proceedings of the 57th Annual Meeting of the Association for Computational Linguistics,2019,1980-1991. arXiv:1905.07870.

[26] Li Y D,Qian Y T,Liao H W,et al. A Reduction-Pyrolysis-Catalysis Synthesis of Diamond[J]. Science,1998,281:246-247.

[27] Angelone D,Hammer A J S,Rohrbach S,et al. Convergence of Multiple Synthetic Paradigms in a Universally Programmable Chemical Synthesis Machine[J]. Nature Chemistry,2021,13:63-69.

[28] 李瑞杰,李连祯,张云超,等.禾本科作物小麦能吸收和积累聚苯乙烯塑料微球[J].科学通报,2020,65:2120-2127.

[29] Dickson V K,Pedi L,Long S B. Structureand Insights into The Function of A Ca^{2+} Activated Cl^- Channel[J]. Nature,2014,516:213.

[30] Liu B C,Niu Y F,Li Y,et al. A Mesoporous "Shell-in-Shell" Structured Nanocatalyst with Large Surface Area,Enhanced Synergy,and Improved Catalytic Selectivity for Suzuki-Miyaura Coupling Reaction[J]. Chem. Commun. ,2014,50:12356-12359.

[31] 高丽茵,李财富,曹丽华,等.热电耦合作用下功率器件引脚开裂的机理[J].科学通报,2020,65:2169-2177.

[32] 周亮,何明桃,李锐,等.基于二芳基四氮唑修饰短肽的光敏超分子水凝胶[J].中国科学:化学,2020,5:612-619.

[33] Yang Y,Hughes R P,Aprahamian I. Near-Infrared Light Activated Azo-BF2 Switches[J]. J. Am. Chem. Soc,2014,136(38):13190-13193.

[34] Gallagher N,Zhang H,Junghoefer T,et al. Thermally and Magnetically Robust Triplet Ground State Diradical[J]. J. Am. Chem. Soc,2019,141:4764-4774.

[35] Keene S T,van der Pol T P A,Zakhidov D,et al. Enhancement-Mode PEDOT:PSS Organic Electrochemical Transistors Using Molecular De-Doping[J]. Adv. Mater. ,2020,32:2000270.

[36] 中华人民共和国专利法·中华人民共和国专利法实施细则[M].北京:知识产权出版社,2010.

[37] 国家知识产权局.专利审查指南[M].北京:知识产权出版社,2020.

[38] 专利.有机发光二极管及制备方法.